政党政治与政党外交研究

石晓虎 / 主编

Research on Party Politics and Party Diplomacy

第一期

当代世界出版社
THE CONTEMPORARY WORLD PRESS

图书在版编目（CIP）数据

政党政治与政党外交研究/石晓虎主编.—北京：当代世界出版社，2021.12
ISBN 978-7-5090-1509-4

Ⅰ.①政… Ⅱ.①石… Ⅲ.①政党-文集②政党-外交-文集 Ⅳ.①D05-53②D8-53

中国版本图书馆 CIP 数据核字（2021）第 264174 号

书　　名：	政党政治与政党外交研究
出 品 人：	丁　云
统筹编辑：	刘娟娟
责任编辑：	魏银萍　姜松秀　马永一　徐嘉璐
装帧设计：	武晓强
版式设计：	韩　雪
出版发行：	当代世界出版社
地　　址：	北京市地安门东大街 70-9 号
邮　　编：	100009
邮　　箱：	ddsjchubanshe@163.com
编务电话：	（010）83907528
发行电话：	（010）83908410（传真）
	13601274970
	18611107149
	13521909533
经　　销：	新华书店
印　　刷：	北京新华印刷有限公司
开　　本：	710 毫米×1000 毫米　1/16
印　　张：	12.25
字　　数：	149 千字
版　　次：	2021 年 12 月第 1 版
印　　次：	2021 年 12 月第 1 次
书　　号：	ISBN 978-7-5090-1509-4
定　　价：	59.00 元

如发现印装质量问题，请与承印厂联系调换。
版权所有，翻印必究；未经许可，不得转载！

政党政治与政党外交研究

主　　编　石晓虎

本期编辑　宋文龙

主办单位：北京第二外国语学院政党政治
　　　　　与政党外交研究院

目 录

1 中国共产党百年对外交往的理论逻辑与基本遵循 /柴尚金/

15 再论新型党际关系 /周余云/

27 百年党的对外工作的根本经验与启示 /余科杰/

38 中国共产党百年对外交往基本经验 /杨 扬/

58 邓小平的政党外交思想及其现实意义 /王玉贵/

72 百年变局下中非党际交往的创新与发展 /张 凯/

89 世界共产党百年发展的历史分期与中国共产党的历史方位 /轩传树/

99 论政党政治的成功之要：坚持阶级性与人民性的彻底统一 /庄文城/

114 "两个必然"重要论断对中国特色社会主义道路的启示 /胡 伟/

129 哈萨克斯坦政党政治的变化与发展趋势 /田永祥/

142　柬埔寨长期政治稳定与人民党执政方略

　　　　　　　　　　　　　　　　　／石晓虎／

157　北欧国家民粹主义政党对"冰上丝绸之路"的影响　　　　　　　／肖　洋／

170　印度共产主义政党的历史、现状与前景

　　　　　　　　　　　　　　　　　／周　帅／

中国共产党百年对外交往的理论逻辑与基本遵循

柴尚金　当代世界研究中心研究员

摘要：独立自主、完全平等是马克思、恩格斯等经典作家在无产阶级政党交往实践中创立的基本原则，也是中共对外交往的首要原则和理论基石。中共历代领导人注重总结国际共产主义运动经验教训，结合党的对外交往实际，不断完善和发展了马克思主义党际关系理论。党的十二大正式提出了独立自主、完全平等、互相尊重、互不干涉内部事务的党际关系四项原则。党的十五大把党的对外交往对象从"各国共产党和其他政党"，扩展到"一切愿与我党交往的各国政党"，首次提出发展新型党际关系的目的在于促进国家关系的发展，为超越意识形态差异、发展同各国政党交流合作关系指明了方向。建立新型政党关系为新形势下开展政党交流合作提供了根本遵循。在习近平外交思想指导下，党的对外交往将在新型政党关系基础上加强政治引领作用，在多边政党交往中夯实国家间关系的政治基础，凝聚各方共建人类命运共同体的强大合力。

在世界百年未有之大变局和中华民族伟大复兴战略全局形成历史性交汇之际，我们迎来了中国共产党诞辰100周年。中国共产党作为一贯重视理论武装和勇于进行理论创新的政党，在开展政党交往过程中与时俱进，继承和发展了马克思主义党际关系原则，形成了具有中国特色、中国风格、中国气派的党际交往理论，为中国共产党百年对外交往奠定了思想基础，指明了前进方向。

一、独立自主、完全平等是中共对外交往的首要原则和理论基石

独立自主、完全平等是马克思、恩格斯等经典作家在无产阶级政党交往实践中创立的基本原则，170多年来一直是马克思主义政党之间开展交往的理论遵循。19世纪50—60年代，西欧许多国家的工人运动在对资产阶级的斗争中迅速走向国际联合的道路，并成立了国际工人协会即第一国际这一工人运动的活动平台和指挥机构。马克思、恩格斯非常重视各国工人的国际联合与共同行动，以反对共同的敌人。他们强调："无产阶级的解放只能是国际的事业。"[1] 同时强调"国际联合只能存在于国家之间，因而这些国家的存在、它们内部事务上的自主和独立也就包括在国际主义这一概念本身之中"[2]。认为工人阶级政党用什么方式

---

[1] 中共中央马克思恩格斯列宁斯大林著作编译局译：《马克思恩格斯全集》（第三十九卷），北京：人民出版社，1974年版，第87页。
[2] 同上书，第478页。

达到自己的目的"应当由这个国家的工人阶级自己选择"[1]，尊重各党的选择权，应当"容许每个支部对实际运动抱有自己的理论观点"，反对把自己的观点强加于人，"国际合作只有在平等者之间才有可能。"[2]"任何一次国际行动，都必须就其实质和形式事先进行协商。"[3] 马克思、恩格斯在总结第一、第二国际的经验教训时认为，国际主义原则与国家主权原则不是对立的，应把无产阶级国际主义与各国的民族特点和斗争实际结合起来。在国际合作中，不仅要尊重各民族和国家的利益，而且也要尊重各国工人政党的独立和平等，在国际合作中要相互尊重、互相协调。

列宁在"各政党相互关系的问题"上，不仅继承了马克思、恩格斯的党际关系思想，而且特别强调各国各党要根据实际情况来选择自己的斗争策略，要有自己的特点，坚持走自己的路，"要善于针对各阶级和各政党相互关系的特点，针对共产主义客观发展的特点来运用共产主义普遍的和基本的原则"[4]。列宁指出："一切民族都将走向社会主义，这是不可避免的，但是一切民族的走法却不会完全一样，……每个民族都会有自己的特点。"[5]"对于俄国社会主义者来说，尤其需要独立地探讨马克思的理论。"要善于借鉴别国的经验，"简单抄袭别国最近的决议是不够的"，"必须善于用批判的态度来看待这种经验，并且独立

---

[1] 中共中央马克思恩格斯列宁斯大林著作编译局译：《马克思恩格斯全集》（第三十五卷），北京：人民出版社，1971年版，第267页。

[2] 同上书，第262页。

[3] 中共中央马克思恩格斯列宁斯大林著作编译局译：《马克思恩格斯全集》（第三十九卷），北京：人民出版社，1974年版，第185页。

[4] 中共中央马克思恩格斯列宁斯大林著作编译局译：《列宁全集》（第三十九卷），北京：人民出版社，1990年版，第69页。

[5] 中共中央马克思恩格斯列宁斯大林著作编译局译：《列宁全集》（第二十八卷），北京：人民出版社，1990年版，第163页。

地加以检验"。[1] 列宁这些论述是对马克思、恩格斯有关党际关系独立平等原则的深化。然而列宁逝世过早,来不及全面探讨社会主义国家执政党如何发展党际关系问题,其继任者斯大林未能正确对待苏联的经验和苏共的威望,独立平等的党际关系原则遭到损害。

20世纪国际共运中长期存在的一种错误做法就是把马克思主义教条化,把一个国家或一个政党的经验和模式神圣化、绝对化,这是导致各国共产党发生矛盾、引发争论乃至冲突的一个重要原因。以毛泽东为代表的中国共产党人坚持从中国国情出发,强调要将马克思列宁主义与中国国情结合起来,开辟了一条适合中国国情的革命道路,同时也积累了在国际共产主义运动中独立自主处理党际关系的经验,奠定了中国共产党对外交往及新中国对外关系的理论基础。新中国成立初期,中共重视学习苏联等国的经验,实行"一边倒"的对外政策,但始终强调自身的独立性。毛泽东对苏共的大国、大党主义做法进行了长期斗争,明确提出国际共产主义运动内部既没有领导党,也没有被领导党。各国共产党是兄弟关系,不是父子关系,各党不管历史是长是短、力量是大是小,彼此之间一律平等,不能强加于人。在1957年莫斯科共产党和工人党代表会议上,毛泽东同参会的各国共产党领导人交换彼此对党际关系的看法,提出各国党要在独立自主的基础上进行交往,各党负责各党内部事情,其他国家不得干涉。在毛泽东和其他一些党的代表的坚持下,尊重各党独立自主的原则被写入会议的最后成果《莫斯科宣言》中。

独立自主是处理党际关系的首要原则,中国共产党不仅反对一些大国大党凌驾于其他政党之上,粗暴干涉别国内政,也不追

---

[1] 中共中央马克思恩格斯列宁斯大林著作编译局译:《列宁全集》(第一卷),北京:人民出版社,1990年版,第205页。

求中共在国际共产主义运动中的"特殊地位"和"领导党"的地位。"当各国共产党相互间保持平等的关系，经过真正的而不是形式上的协商而达到意见和行动的一致，它们的团结就会增进。反之，如果在相互关系中把自己的意见强加于别人，或者用互相干涉内部事务的办法代替同志式的建议和批评，它们的团结就会受到损害。"[1]邓小平在总结国际共产主义运动经验教训的基础上完善和发展了马克思主义党际关系理论，主张不以一国一党经验来评判他国他党是非，"各国党的国内方针、路线是对还是错，应该由本国党和本国人民去判断"[2]。明确指出"党与党之间要建立新型的关系"[3]。党的十二大依据邓小平关于建立新型党际关系的思想，正式提出了独立自主、完全平等、互相尊重、互不干涉内部事务的党际关系四项原则。在邓小平的亲自参与下，中共以中南（斯拉夫）两党恢复关系为突破口，先后恢复了与欧洲多数国家共产党以及印共（马）、塞浦路斯劳动人民进步党、巴西共产党等广大发展中国家共产党的联系；与波兰、匈牙利、捷克斯洛伐克、保加利亚、民主德国、古巴、蒙古等社会主义国家共产党恢复了关系，与苏联共产党的关系开始缓和，很快摆脱了过去在国际共产主义运动中一度较为孤立的境地，实现了对外交往的全面突破和快速发展。

---

[1]《再论无产阶级专政的历史经验》，载《人民日报》，1956年12月29日，第1版。
[2] 邓小平：《邓小平文选》（第二卷），北京：人民出版社，1994年版，第318—319页。
[3] 邓小平：《邓小平文选》（第三卷），北京：人民出版社，1994年版，第237页。

二、超越意识形态差异、同各国政党广泛交往、促进国家关系发展是新型党际关系原则的逻辑延伸

在中共历史上，对外交往指导方针是与一定的时代背景和历史条件相联系并随着党的中心任务的变化而不断调整的。新中国成立后很长一段时间，意识形态和政治纲领相同是政党交往的前提，中共只同各国共产党、工人阶级政党交往，而对意识形态有别的其他政党很少接触。20世纪70年代末，随着党的工作重心的转移，中共对外交往的指导思想和目标开始调整，从过去服从世界革命转移到服务国内经济建设上来，以意识形态划线的交往模式也随之发生了深刻变化。中共在对外交往中认识到，党际关系是各国政党之间的关系，国家关系是国与国之间的关系，二者不能混为一谈，更不能以党际关系来代替国家关系。只有把党际关系与国家关系区别开来，党际交往才能超越意识形态差异，发展同各国各类政党关系，从而为经济建设和改革开放创造良好的外部环境。超越意识形态差异，本着求同存异的精神开展新型的党际交流与合作，服从和服务于国家利益，既是新形势下对党的对外交往的新要求，也是新型党际关系原则的逻辑延伸。

独立自主、完全平等、互相尊重、互不干涉内部事务的四项原则在党的十二大报告中是作为处理意识形态相同政党关系的原则而提出的，但新形势、新任务要求超越意识形态差异，全方位发展同各国各类政党的关系。因此党的十四大在阐述党的对外交往方针时，将之前在四项原则基础上"发展我党同各国共产党和其他工人阶级政党的关系"的表述修改为"发展我党同各国共产党和其他政党的关系"[1]。党的十五大报告对此又修改为，"要坚

---

[1]《中国共产党章程》，载《人民日报》，1992年10月22日，第1版。

持在独立自主、完全平等、互相尊重、互不干涉内部事务原则的基础上，同一切愿与我党交往的各国政党发展新型的党际交流和合作关系，促进国家关系的发展"[1]。这一新的表述，把党的对外交往对象从"各国共产党和其他政党"，扩展到"一切愿与我党交往的各国政党"，并首次提出发展新型党际关系的目的在于促进国家关系的发展。这些重大调整，为超越意识形态差异、发展同各国政党交流合作指明了方向，也为党际交往目的注入了新的内容。

党际关系四项原则与超越意识形态差异方针是有机统一体，不能相互割裂、片面理解。四项原则是超越意识形态的前提，只有在坚持四项原则的基础上，意识形态差异才不会成为发展党际关系的障碍，更不会成为发展国家关系的障碍。邓小平在接见外宾时，反复强调不计较意识形态差异发展党际关系和国家关系的观点。1986年9月，邓小平对美国记者华莱士说："中国观察国家关系问题不是看社会制度"，而是要根据国与国之间的具体情况而定。[2] 针对20世纪80年代末90年代初复杂的国内外形势，邓小平认为："不管苏联怎么变化，我们都要同它在和平共处五项原则的基础上从容地发展关系，包括政治关系，不搞意识形态的争论。"江泽民在会见日本共产党代表团时，特别就冷战结束后如何处理各国共产党之间的关系问题，对党际关系四项原则的内涵作了进一步阐释。江泽民表示："世界各国情况千差万别，实现社会主义的道路和模式可以是多种多样的。各国共产党人可以在完全平等和互相尊重的基础上进行交流和探索，不存在'中心'，不能搞无谓的意识形态争论，不要对别人的探索和实践指手画脚，更不能把自己的观点和模式强加于人。"[3] 江泽民在批驳西方人炮制的"文明冲突论"时，深入阐述了求同存异、共同

---

[1] 江泽民：《江泽民文选》（第二卷），北京：人民出版社，2006年版，第41页。
[2] 邓小平：《邓小平文选》（第三卷），北京：人民出版社，1993年版，第168页。
[3] 江泽民：《江泽民文选》（第二卷），北京：人民出版社，2006年版，第194页。

发展的观点，指出："世界各种文明、社会制度和发展模式应相互交流和相互借鉴，在竞争比较中取长补短，在求同存异中共同发展"[1]，"应充分尊重不同民族、不同宗教和不同文明的多样性"[2]。中国共产党同世界上其他大多数政党一样，都具有自己的阶级属性，对外交往中意识形态方面的交锋是不可避免的。但中国共产党在政党交往中，不要求对方改变意识形态立场，不扩大也不挑起争论，不搞意识形态对抗。同时，"求同存异""不计较意识形态差异"，不等于放弃意识形态，放弃我们自己的立场。"不计较"是以承认差异为前提的，只是不让差异成为交往的障碍。中共对外交往实践表明，只有按照四项原则和求同存异精神，才能广泛开展与世界各国政党的交流合作，真正建立起新型党际关系。

社会党类型的党在各国有较大的影响和号召力，拥有近千万党员和上亿选民，在西欧、北欧有30来个社会党类型的党，其中不乏执政党和参政党。过去很长一段时间，国际共运视社会党、社民党、工党为资产阶级政党，被排除在中共交往对象之外。自20世纪80年代初开始，中共开始与欧洲一些国家的社会党进行接触，相继建立了党际关系。1981年2月，密特朗率法国社会党代表团访华。1984年5月，联邦德国社会民主党主席、社会党国际主席勃兰特访华。中共在短期内与联邦德国社民党、意大利社会党、奥地利社会党、比利时社会党、西班牙工人社会党、英国工党、荷兰工党等欧洲地区的40多个社会党建立了各种形式的联系和交往。同时，中共积极探索同西欧国家传统的保守政党开展接触与交往。中共领导人经常率团出访西方发达国家，广泛接触各类政党，围绕经济全球化、世界多极化、社会发

---

[1] 江泽民：《江泽民文选》（第三卷），北京：人民出版社，2006年版，第522—523页。

[2] 同上书，第110页。

展模式、政党建设等重大问题深入交流，促进了中国同西方发达国家关系的健康、稳定发展。

20世纪70年代末80年代初，中共按照邓小平超越意识形态差异的思想，不仅同意大利共产党、法国共产党等各国共产党、工人党调整关系、密切交往，而且开拓了同世界各国的民族主义政党和社会党进行交往的新局面。中共同亚非拉民族主义政党建立联系是从1978年开始的。这一年，有10多个亚非拉国家的执政党代表团访问中国，这些民族主义政党强烈要求与中共建立交往关系。索马里革命社会主义党、坦桑尼亚革命党、几内亚民主党、伊拉克复兴社会党、墨西哥革命制度党等一大批亚非拉国家的民族主义政党相继与中共建立了党际交往关系。中共与各国各类政党交往，具有灵活多样的独特优势，为促进国家关系的建立与发展，发挥了重要作用。

随着经济全球化进程的加速发展，"经济优先已成为世界潮流"[1]。经济关系、贸易交流等诸多方面，都成了相互依存的全球性问题，需要各国政党共同关注、开展合作。党的十七大报告指出，要"统筹国内国际两个大局"[2]，胡锦涛要求"外事工作必须坚持以经济建设为中心，紧密结合国内工作大局，在统筹国内国际两个大局中加以推进"[3]。中共在之后的对外交往中，自觉地把党的对外交往原则与国内执政理念结合起来，把经济因素注入党际交往，在对外交往中注重就各国普遍关心的经济发展战略进行交流、学习和借鉴，进一步丰富了党际交往内容，开辟了党际交往的新领域，为服务党和国家的中心工作，促进国家关系

---

[1] 江泽民：《江泽民文选》（第一卷），北京：人民出版社，2006年版，第414页。
[2] 中共中央文献研究室编：《十七大以来重要文献选编》（上），北京：中央文献出版社，2013年版，第13页。
[3] 《中央外事工作会议在京举行 胡锦涛发表重要讲话》，https://www.chinanews.com.cn/other/news/2006/08-23/778618.shtml。

发展作出了新贡献。

三、建立新型政党关系为新形势下开展政党交流合作提供了根本遵循

党的十八大以来，习近平总书记统揽中华民族伟大复兴战略全局和世界百年未有之大变局，亲自擘画运筹，提出了建立新型政党关系、建设新型国际关系、积极推动构建人类命运共同体的外交新理念、新举措、新战略，深刻回答了一系列方向性、根本性、战略性重大问题，为新时代党的对外交往规划了蓝图，指明了方向。

建立新型国际关系、构建人类命运共同体，是习近平外交思想的核心内容，也是习近平新时代中国特色社会主义理论的重要组成部分。习近平总书记在十九大报告中明确把构建人类命运共同体作为新时代中国特色社会主义的基本方略之一，强调"中国共产党是为中国人民谋幸福的政党，也是为人类进步事业而奋斗的政党。中国共产党始终把为人类作出新的更大的贡献作为自己的使命"[1]，明确将推动构建新型国际关系、推动构建人类命运共同体列为中国特色大国外交的总目标。习近平总书记指出："中国外交政策的宗旨是维护世界和平、促进共同发展。中国愿扩大同各国的利益交汇点，推动构建以合作共赢为核心的新型国际关系，推动形成人类命运共同体和利益共同体。"[2] 习近平总书记倡导建立的新型国际关系与传统国际关系不同，不搞零和博弈，不以武力寻求霸权，推崇"相互尊重、公平正义、合作共赢"。

---

[1] 习近平：《决胜全面建成小康社会 夺取新时代中国特色社会主义伟大胜利——在中国共产党第十九次全国代表大会上的报告》，载《人民日报》，2017年10月28日，第1版。

[2] 习近平：《在庆祝中国共产党成立95周年大会上的讲话》，北京：人民出版社单行本，2016年版。

构建人类命运共同体就是要"建设持久和平、普遍安全、共同繁荣、开放包容、清洁美丽的世界"。[1] 人类命运共同体理念是中国共产党人的初心与使命的真诚表达，充分体现了中国共产党人始终将推动本国发展同人类进步事业联系一起、把中国人民的幸福与世界人民的幸福紧密连接的国际视野和人类情怀。习近平总书记关于构建新型国际关系、推动构建人类命运共同体的外交理念，明确了党的对外交往总目标，是新时代党的对外交往工作的重要指导思想。

建立新型政党关系，是习近平总书记对新时代党的对外交往提出的新要求，是新时代开展党的对外交往工作的重要遵循。在2017年12月举行的中国共产党与世界政党高层对话会上，习近平总书记发表了重要讲话，指出："不同国家的政党应该增进互信、加强沟通、密切协作，探索在新型国际关系的基础上建立求同存异、相互尊重、互学互鉴的新型政党关系，搭建多种形式、多种层次的国际政党交流合作网络，汇聚构建人类命运共同体的强大力量。""面向未来，中国共产党愿同世界各国政党加强往来，分享治党治国经验，开展文明交流对话，增进彼此战略信任，同世界各国人民一道，推动构建人类命运共同体，携手建设更加美好的世界！"[2] 习近平总书记关于建立新型政党关系的倡议，是在继承中国共产党在对外交往中遵循独立自主、完全平等、互相尊重、互不干涉内部事务的原则的基础上，根据新时代新要求，把中国共产党党际关系理论提升到了崭新的高度，这无疑是政党外交思想的重大创新。建立新型政党关系的主张不仅展现了中国共产党的大党气派和大国大党领导人的远见卓识，而且

---

[1] 习近平：《习近平谈治国理政》（第三卷），北京：外文出版社，2020年版，第46页。
[2] 习近平：《在中国共产党与世界政党高层对话会上的主旨讲话》，载《人民日报》，2017年12月2日，第2版。

具有深刻的理论内涵和鲜明的时代特色，是中国共产党新型党际关系的理论逻辑和新时代政党外交的实践逻辑的延伸展开。在新型政党关系的三大要素中，求同存异是基础，相互尊重是关键，互学互鉴是目的，三者相辅相成、有机统一，最终目的是构建人类命运共同体，建设更加美好的世界。

中国共产党作为为人类进步事业而奋斗的政党，愿意在建立新型政党关系、建设新型国际关系、构建人类命运共同体中身体力行，做出表率，坚定不移地走出一条与传统大国不同的强国之路。政党交往不是拉帮结派搞对抗，政党对话不是搞"小圈子"谋私利。新时代政党外交肩负构建人类命运共同体的历史使命。我们党开展政党外交，不追求狭隘的自私目标，而是从促进人类和平、发展与进步的角度出发，在争取和维护自身利益的同时，充分考虑交往对象的需求，实现互利双赢和共同发展进步。党的十八大以来，党的对外工作顺应中国对外关系大发展的新形势，大力开展双边和多边政党交往，不断开拓创新，在建设新型政党关系、推动政党交往机制化和多边政党交往方面都有创新发展：一是有针对性地同周边国家政党、政治组织和非政府组织的交往，特别是注重加强同执政党的政治互信，加强在经贸、安全、人文交流等各领域的务实合作，着力推动构建中国与周边国家命运共同体。中老两党两国最高领导人共同签署《中国共产党和老挝人民革命党关于构建中老命运共同体行动计划》，正是政党外交推动构建周边国家命运共同体的成功实践。二是通过政党外交渠道，不断推动中国与非洲、中东等地区国家新型战略伙伴关系的发展。近年来，中共与非洲政党的多边交往增多，各种论坛纷纷成立并定期举行，许多非洲国家执政党和重要政党共同参与治国理政经验交流，中非党际交往格局朝着机制化方向发展。根据"阿拉伯之春"后政党格局的新变化，中共开始寻求与西亚北非地区的新兴政党和政治组织进行接触，以增进相互了解和政治互信，推动国家关系的发展。与中东国家的一些政党联合举办经贸合作方面的研讨会、论坛、洽谈会，不仅加深党际交往，而且推动、促进中国与该地区国家友好合作关系的发展。中共和拉美政党的密切交往，不仅有力地促进了中拉党际关系和国家关系的发展，而且促成了一大批经贸、文化等领域合作项目的签订。三是更加注重党际交往的积极作用，灵活多样地与欧洲各国及美国、俄罗斯、日本等国主要政党进行交往，以政党关系推动国家关系的发展。目前，中国共产党同世界上160多个国家和地区的560多个政党和政治组织保持交往，"朋友圈"越来越广。

中共十八大以来，中共对外交往注重利用不同平台机制，同各国执政党和主要政党交流治国理政经验，通过加强交流，深化合作，同时，积极宣介中国发展成就和经验，传播中国发展理念，贡献中国发展方案。通过开展媒体智库交流、同非政府组织进行交流对话等方式，注重以民心相通为基础增加对外感召力，求同存异，努力与各国各类政党、政治组织、社会团体和友好人士加强联系，寻找最大公约数，努力达成共识。我们通过与一些国家执政党、重要政党和政党国际组织开展各种论坛、对话会等活动，讲好中国故事，宣介中国主张的人类命运共同体和"一带一路"构想，宣传中国坚持和平发展、加强全球治理及创新、协调、绿色、开放、共享的发展理念，向国际社会讲清中国共产党为什么能、中国特色社会主义为什么行等道理，以国外民众易接受的方式对外展示中国重道义、讲信义、尊重和维护各国人民自主选择发展道路的权利、促进良政善治和社会稳定和谐的责任与担当，充分体现了政党外交的中国特色和中国气派。

当今中国与世界的关系正站在新历史起点上，国际力量消长对比加快，全球性问题越来越突出，各国人民前途命运相互关联的紧密态势前所未有。新冠肺炎疫情全球暴发后，党的对外工作发挥自身特色优势，加强对各国政党的政治引领，为进一步深化全球抗疫合作、推动构建人类卫生健康共同体提供了强大的政治助力，以实际行动彰显了中国共产党的初心、使命和担当，得到国际社会的积极反响和高度评价。外国许多政党不仅对中国抗疫的具体经验和做法感兴趣，更对经验举措背后的理念和思想感兴趣，特别是习近平总书记提出的以人民为中心的发展思想和人类命运共同体理念得到越来越多的国际认同。在百年变局、世纪疫情、中美博弈相互交织背景下，许多外国政党和一些国际组织开始认同中方提出的构建相互尊重、公平正义、合作共赢的新型国际关系和构建人类命运共同体的理念，并同意写入双边、多边的政治文件中。

然而，新冠肺炎疫情是百年以来人类面临的最为严重的公共卫生危机，必将对世界经济、国际秩序、全球治理、大国关系和各国政治生态产生广泛而深远的影响，也将推动中国与世界关系发生更为深刻复杂的变化。西方一些右翼政党和政客在人权、民主等领域频频协调立场和行动，对中国极尽抹黑和打压之能事，攻击中国特色社会主义政治制度和国家治理体系，不同制度、文明和价值观的冲突趋于激烈。在此形势下，对外讲好中国故事和中国共产党故事是新时代政党外交义不容辞的重大政治任务。我们要顺应时代潮流，看清人类进步方向，进一步加强与各国政党的沟通交流合作，积极探索在新型国际关系的基础上建立求同存异、相互尊重、互学互鉴的新型政党关系，搭建和完善多种形式、多种层次的国际政党交流合作网络。在多边政党交往中加强政治引领作用，以讲好中国故事为切入点，坚定不移地维护民族尊严和国家利益，旗帜鲜明坚持和维护中国共产党的领导和中国特色社会主义制度，夯实国家间关系的政治基础，通过新时代党际交往，凝聚起各方共建人类命运共同体的强大合力。

再论新型党际关系

周余云 当代世界研究中心研究员

摘要：本文结合党的对外工作实践，系统回顾总结了党际关系四项原则的形成与发展，指出四项原则是党的对外工作中的一次重要理论创新，具有鲜活的时代生命力。当前，中国特色社会主义进入了新时代，如何进一步开拓新时代中国特色政党外交新局面，既需要创新的理论来指导实践，也需要从丰富的实践中提炼出规律性的认识，使之上升到理论的高度，需要加强政党外交的学术研究、理论支撑和话语体系建设。

回顾党的对外工作百年历程，有许多值得总结的历史经验，其中最重要的一条经验就是：我们党在解放思想、实事求是的思想路线指引下，把党际关系放到国家对外关系的全局中去谋划，提出党与党之间要建立新型关系，并在汲取历史经验教训的基础上，提炼出指导建立党际关系的四项原则——独立自主、完全平等、互相尊重、互不干涉内部事务。党际关系四项原则是我们党在对外工作指导思想上的一次理论创新，具有鲜活的生命力，它的实践成果就是开创了党的对外工作新局面，并由此推动中国特色政党外交的形成与发展。截至 2020 年年底，中国共产党已经与世界上 164 个国家的 544 个政党[1]及 16 个政党国际和地区组织建立了不同形式的联系与交往，形成了全方位、多渠道、宽领域、深层次的全球政党伙伴关系网络。

一、新型党际关系深刻总结了国际共运的历史教训

我们党在处理党际关系和对外关系的历史过程中，既有丰富的成功经验，也有值得汲取的深刻教训。

新中国成立初期，毛泽东、刘少奇、周恩来、邓小平等第一代领导人，在党的对外工作中亲力亲为，在处理与国外政党的关系问题上，总体上比较谨慎。一是不因中国革命成功而把自己的经验强加于人。1956 年 4 月，毛泽东在会见古巴等拉美六国共产党访华代表团时表示："中国的经验，有好的也有不好的，有成功的也有失败的。即使是好的经验，也不一定同别的国家的具体情况相适合……照抄别国的经验是要吃亏的，照抄是一定会上当的。这是一条重要的国际经验。"[2] 6 月，刘少奇在会见该代表团时也表示：每个国家的党，都应该平等，独立解决自己的问题，外国的意见不能强加上去[3]。二是坚持平等原则，不搞"父子党"关系。1957 年 1 月，周恩来在访苏期间与赫鲁晓夫会

---

[1] 在中国共产党的对外交往对象中，有亚洲 38 个国家的 199 个政党，非洲 50 个国家的 100 个政党，欧洲 39 个国家的 126 个政党，美洲 31 个国家的 105 个政党，大洋洲 6 个国家的 14 个政党。

[2] 中共中央文献研究室编：《毛泽东文集》（第七卷），北京：人民出版社，1999 年版，第 64 页。

[3] 蔡武主编：《中国共产党对外工作大事记（1949.10—1999.12）》（上册），北京：当代世界出版社，2001 年版，第 59 页。

谈时强调："处理兄弟党的关系，绝不能有高人一等的思想，再大的党在各国党面前也是平等的，不要把自己的东西强加给别人。"[1] 1960年9月，刘少奇在会见新西兰共产党中央书记威廉斯时强调："无论大党或小党，大国或小国，大民族或小民族，都应该是平等的。"[2] 同年9月，邓小平率中共代表团访问苏联，在与苏共中央书记苏斯洛夫会谈时，批评了苏方不是以平等的、兄弟国家的态度对待中国，而是以"父子党"的态度对待中共。[3] 周恩来特别重视党际交往中的一些细节，如1963年5月在某部门就如何回复北爱尔兰共产党来信的请示件中批示：按照党的平等关系以办公厅复兄弟党执委会的信，显得不够郑重，反给人以我党傲慢的印象。三是强调独立自主，不越俎代庖、指手画脚。1956年7月，印度共产党总书记高士就赫鲁晓夫秘密报告在该党内引起的思想混乱征询中共意见时，中共中央答复印共中央：你们所提的问题，请你们按照国内党内情况独立自主地加以解决，我们不便提意见。[4] 1957年11月，刘少奇在会见日本共产党代表团时表示：各国共产党应该独立负责地决定自己国家革命中的各种问题。同外国同志一起决定政策等等问题，效果不好。[5] 1958年6月，毛泽东在外交部召开的务虚会上发表讲话："对兄弟党，不要代人家起草纲领，他们起草好，拿来给我们看看提些意见可以。我们过去也给人家起草过纲领，那样是行不通的。"[6] 1959年3月3日，毛泽东在会见中央总书记宫本显治率

---

[1] 蔡武主编：《中国共产党对外工作大事记（1949.10—1999.12）》（上册），北京：当代世界出版社，2001年版，第87页。
[2] 同上书，第165页。
[3] 同上书，第164页。
[4] 同上书，第68页。
[5] 同上书，第102页。
[6] 同上书，第110页。

领的日共代表团时表示：各国党要独立自主，不干涉内政[1]。四是不以意识形态划线。1954年8月，周恩来在会见前首相、工党领袖艾德礼率领的英国工党代表团时说，我们在思想意识方面的确有许多分歧，"任何一个党或个人都不能把自己的意志强加于另一个党或个人。但是，思想意识上的分歧不应该妨碍一国与另一国、一国的一个政党与另一国的一个政党在政治上的合作"[2]。五是诚恳相待，不以党际关系干涉他国内政。毛泽东强调，在与兄弟党的交往中要保持着谦虚诚恳的态度。1955年6月，毛泽东在会见南斯拉夫驻华大使波波维奇时说：我们的国家成立得很晚，而且落后。需要各国共产党和人民的帮助。如果你们发现了我们的缺点，请不客气地提出来[3]。同年12月，毛泽东在会见泰国经济文化代表团时说："我们也不在你们国家讲共产主义，我们只讲和平共处，讲友好，讲做生意。我们也不挑起人家来反对他的政府。"[4]

本着上述精神，新中国成立初期，我党与世界各国尤其是苏东国家共产党和工人党开展了广泛的党际交流，以党际关系带动了国家关系，打开了新中国对外关系的新局面，并在1956年9月中共八大和1959年新中国成立十周年时达到了高潮。[5]

但遗憾的是，上述原则主张没有能一以贯之坚持下来。从20世纪60年代开始，由于中苏论战和社会主义阵营的分裂，加之极左思潮的干扰，在党际关系中，也开始出现强加于人、以我为

---

[1] 蔡武主编：《中国共产党对外工作大事记（1949.10—1999.12）》（上册），北京：当代世界出版社，2001年版，第124页。

[2] 同上书，第40—41页。

[3] 同上书，第49页。

[4] 同上书，第53页。

[5] 1956年9月，中共八大在北京召开，有54个国家的共产党和工人党代表团，以及巴基斯坦和美国共产党的观察员应邀参加。苏共等49个代表团在会上致贺词，另有11个党发来贺信。1959年10月，中华人民共和国成立十周年时，有60个国家的共产党代表团应邀参加国庆庆典。

中心、以意识形态划线的倾向与做法。如在对外交往中以我划线，把大多数国家的共产党视为修正主义党，同全世界近80个被称为"修正主义"的共产党断绝了关系，不再来往[1]，只同一些在反修斗争中被视为马列主义的政党和组织保持联系，导致党际关系扭曲，影响了正常的国家关系。如1966年10月中共中央批准把宣传毛泽东思想作为驻外使领馆的首要任务，对外关系中强加于人的偏向由此开始，在对外交往中，不看对象，不顾驻在国的规定，强行发送《毛泽东语录》，引起驻在国的疑虑和不满，导致我国对外关系的严重倒退。在"文革"发动后一年多的时间内，我国同已经建交或半建交的40多个国家中的近30个发生了外交纠纷，同一些国家的外交关系恶化，甚至恶化到降级或断交的严重地步[2]。这种严峻局面，用毛泽东在1969年3月22日中央"文革"碰头会上的话说就是"我们现在孤立了，没有人理我们了"[3]。到20世纪70年代中期，毛泽东也已认识到调整党的对外关系的必要。因此，在会见东南亚外宾时，毛泽东指出，国家是国家的关系，党是党的关系，总而言之，两者要搞得恰当一点。

二、新型党际关系的形成与发展

进入改革开放新时期，邓小平认真总结了我党在处理党际关系方面的教训："我们在处理党与党之间的关系时，总的来说是清醒的。但是回过头看看，我们过去也并不都是对的。"[4] "一

---

[1] 朱良：《对外工作回忆与思考》，北京：当代世界出版社，2012年版，第56页。
[2] 中共中央党史研究室：《中国共产党历史第二卷（1949—1978）》（下册），北京：中共党史出版社，2011年版，第880页。
[3] 同上书，第881页。
[4] 邓小平：《邓小平文选》（第二卷），北京：人民出版社，1994年版，第319页。

个党评论外国兄弟党的是非，往往根据的是已有的公式或者某些定型的方案，事实证明这是行不通的。"[1] 任何大党、中党、小党，都要相互尊重对方的选择和经验。我们反对人家对我们发号施令，我们也决不能对人家发号施令[2]。

党的对外工作中的拨乱反正、重新起步是从1977年8月逐渐恢复与南共联盟的关系开始的。1977年8月30日，南斯拉夫总统铁托（南共联盟中央主席团主席）访华，华国锋在与铁托会谈时表示："我们过去吵过架，党的关系中断了，现在要公开称同志"，"两党可以先恢复内部联系，经过双方努力，再正式恢复关系。"[3] 邓小平在会见铁托时，双方"达成了共同的谅解，就是过去的事情都不谈了，一切向前看"，首次提出了"党与党之间要建立新型关系"[4]。

1978年6月，中南两党正式恢复关系，化解了国际共运中的坚冰，这是我党在新时期对外工作调整恢复的第一步。此后，又相继迈出了几大步：一是突破了只与共产党交往的做法，开拓了与撒哈拉以南非洲、拉美民族主义政党交往的新领域；二是修复与意大利共产党的关系，开启了与发达国家共产党关系的正常化；三是与法国社会党建立了联系，开辟了与社会党发展关系的新天地[5]。

1982年9月，胡耀邦在党的十二大政治报告中，对新时期党的对外工作的历史性调整进行了理论上的总结。胡耀邦在报告中用了较大篇幅"着重讲一下中国共产党同外国共产党的关系问

---

[1] 邓小平：《邓小平文选》（第二卷），北京：人民出版社，1994年版，第318页。
[2] 中共中央党史研究室：《中国共产党历史第二卷（1949—1978）》（下册），北京：中共党史出版社，2011年版，第658页。
[3] 朱良：《对外工作回忆与思考》，北京：当代世界出版社，2012年版，第58页。
[4] 邓小平：《邓小平文选》（第三卷），北京：人民出版社，第236—237页。
[5] 周余云：《论新型党际关系》，载《毛泽东邓小平理论研究》，2009年第1期，第22—26页。

题",报告指出,"各国党之间当然也要相互帮助,但绝不允许任何外来的强制和包办代替。把自己的观点强加于人,干涉别国党的内部事务,只能使别国的革命事业受到挫折和失败","世界各国的共产党是一律平等的,不论是大党还是小党,历史长的党还是历史短的党,执政的党还是没有执政的党,都不能有尊卑上下之分","我们党吃过自封的老子党企图控制我们的苦头","我们坚持各国党应当互相尊重。各国党都有长处和短处。由于处境不同,各国党对形势和任务的看法不可能完全一致,这种意见分歧只能通过友好协商和互相等待来逐步解决","本着上述原则,我们党同世界上许多共产党保持着友好的联系……我们也期望同更多的进步政党和组织建立这种联系"[1]。

党的十二大通过的《中国共产党章程》总纲中,把邓小平关于建立新型党际关系的思想概括为党际关系四项原则,即"在马克思主义基础上,按照独立自主、完全平等、互相尊重、互不干涉内部事务的原则,发展我党同各国共产党和其他工人阶级政党的关系"[2],明确而系统地提出指导新型党际关系的四项原则,这在党的对外交往史上是第一次。

1987年召开的党的十三大,把"关于按照独立自主、完全平等、互相尊重、互不干涉内部事务的原则,发展同外国共产党和其他政党的关系的观点",归纳为十一届三中全会以来我党对社会主义再认识的重大科学理论成果之一,[3]并概括了十二大以来外交工作成就,即"根据国际形势和我国现代化建设的需要,围绕和平和发展两大主题,调整外交格局和党的对外关系,发展

---

[1] 中共中央文献研究室编:《十二大以来重要文献选编》(上),北京:中央文献出版社,1986年版,第38—39页。
[2] 同上书,第56页。
[3] 中共中央文献研究室编:《十三大以来重要文献选编》(上),北京:中央文献出版社,1991年版,第48页。

了独立自主、反对霸权主义、维护世界和平的对外政策"[1]。

1992年10月，江泽民在党的十四大政治报告中，第一次介绍了党的对外工作成就："中国共产党重视同各国政党的关系。现在，中国共产党已经同一百多个国家的许多政党和政治组织建立了不同形式的联系"，并表示"我们将继续按照独立自主、完全平等、互相尊重、互不干涉内部事务的原则，同各国政党建立和发展友好关系，本着求同存异的精神，增进相互了解和合作。"[2] 此外，报告还针对当时冷战结束的国际形势提出："社会制度和意识形态的差别，不应成为发展国家关系的障碍。在国际交往中，我们绝不把自己的社会制度和意识形态强加于人，同样，也绝不允许别的国家将自己的社会制度和意识形态强加于中国。"[3]

1997年9月，江泽民在党的十五大政治报告中，第一次把党的对外工作的基本原则、工作对象与目的作了完整的表述："坚持在独立自主、完全平等、互相尊重、互不干涉内部事务原则的基础上，同一切愿与我党交往的各国政党发展新型的党际交流和合作关系，促进国家关系的发展。"[4]

比较、分析中国共产党关于新型党际关系的论述，可以发现从党的十二大到党的十五大，新型党际关系表述随着形势的变化和认识的提高而逐步完善：（1）基础不同。十二大规定党际交往立足"在马克思主义基础上"；十五大提出党际关系的基础是四项原则，淡化了意识形态；（2）对象扩大。交往对象从"各国共

---

[1] 中共中央文献研究室编：《十三大以来重要文献选编》（上），北京：中央文献出版社，1991年版，第7页。
[2]《江泽民在中国共产党第十四次全国代表大会上的报告》，http://www.gov.cn/govweb/test/2008-07/04/content_1035850_5.htm。
[3] 同上。
[4] 中共中央文献研究室编：《十五大以来重要文献选编》（上），北京：中央文献出版社，2000年4月版，第38页。

产党和其他工人阶级政党"（十二大）到"外国共产党和其他政党"（十三大），再到"各国政党"（十四大），最终扩展到"一切愿与我党交往的各国政党"（十五大），摒弃了门户之见；（3）目的明确。从"增进相互了解和合作"（十四大）到"发展新型的党际交往与合作关系，促进国家关系的发展"（十五大），提升了党的对外工作在国家关系中的定位。

三、新时代的新型政党关系需要丰富其内涵

进入21世纪以来，在新型党际关系四项原则的指导下，党的对外工作迅猛拓展，无论是交往对象的扩大，还是交往内容的深化，都有了前所未有的提升。仅在2000年，"中国共产党派出近90个不同级别的团组出国访问，接待了200多批外国政党、组织和友好人士访华，与170多个外国政党和组织进行了人员交往，是近十年交往活动最频繁的一年"[1]。党的对外工作取得了丰硕成果，因此，2002年11月，江泽民在党的十六大政治报告中提出："我们将继续坚持独立自主、完全平等、互相尊重、互不干涉内部事务的原则，同各国各地区政党和政治组织发展交流合作。"[2]

从党的十七大起，历次党代会政治报告没有提及党际关系四项原则，仅对党的对外工作做了原则性的表述。如2007年10月，胡锦涛在党的十七大政治报告中提出，"我们将继续开展同各国政党和政治组织的交流合作，加强人大、政协、军队、地方、民间团体对外交往，增进中国人民和各国人民的相互了解和友

---

[1]《中国共产党对外工作概况》编委会编：《中国共产党对外工作概况2001》，北京：当代世界出版社，2002年版，第1页。

[2] 中共中央文献研究室编：《十六大以来重要文献选编》（上），北京：中央文献出版社，2004年版，第37页。

谊"[1]。2012年11月，党的十八大政治报告提出，"我们将开展同各国政党和政治组织的友好往来，加强人大、政协、地方、民间团体的对外交流，夯实国家关系发展社会基础"[2]。2017年10月，习近平在党的十九大政治报告中提出，"加强同各国政党和政治组织的交流合作，推进人大、政协、军队、地方、人民团体等的对外交流"[3]。对此，有人认为，党际关系四项原则没有写入党代会政治报告，表明它已经过时了。

2017年12月1日，习近平总书记在中国共产党与世界政党高层对话会上的主旨讲话指出："探索在新型国际关系的基础上建立求同存异、相互尊重、互学互鉴的新型政党关系，搭建多种形式、多种层次的国际政党交流合作网络，汇聚构建人类命运共同体的强大力量。"[4]

如何看待近几届党代会政治报告中没有出现党际关系四项原则的文字表述？如何看待党际关系四项原则与习近平提出的新型政党关系？笔者认为：

第一，党际关系四项原则没有过时。近几届党代会政治报告中没有出现党际关系四项原则的文字表述，不等于说在党的对外工作实践中四项原则的精神就不再坚守。独立自主、完全平等、互相尊重、互不干涉内部事务的原则，深刻总结国际共运正反两方面的经验教训，已经成为国际社会不同政党的共识。更重要的是2017年10月24日党的十九大通过的《中国共产党章程》总

---

[1] 中共中央文献研究室编：《十七大以来重要文献选编》（上），北京：中央文献出版社，2009年版，第37页。

[2] 中共中央文献研究室编：《十八大以来重要文献选编》（上），北京：中央文献出版社，2009年版，第39页。

[3] 《党的十九大报告辅导读本》编写组编：《党的十九大报告辅导读本》，北京：人民出版社，2017年版，第59页。

[4] 习近平：《习近平谈治国理政》（第三卷），北京：外文出版社，2020年版，第435页。

纲中明确规定:"按照独立自主、完全平等、互相尊重、互不干涉内部事务的原则,发展我党同各国共产党和其他政党的关系。"[1]《党章》是党内根本大法,统领党内一切规章制度,具有必须尊崇的最高地位。因此,党际关系四项原则没有过时。

第二,新型政党关系是党际关系四项原则在新时代的新发展。党际关系四项原则的提出,最初是针对国际共运中存在的大党主义、干涉内部事务、强加于人等现象,它解决的是党际关系中双方地位的不平等、相互之间的不尊重,落脚点是要解决国际共运中党际交往主体的人格平等,也就是党的尊严。正如邓小平在会见戈尔巴乔夫时所说,中苏两党"真正的实质问题是不平等,中国人感到受屈辱"[2]。后来,四项原则适用对象扩展到所有愿与我党交往的各国政党,落脚点在发展新型党际关系,促进国家关系的发展。习近平总书记提出,探索在新型国际关系的基础上建立求同存异、相互尊重、互学互鉴的新型政党关系,其基础是新型国际关系,落脚点是汇聚构建人类命运共同体的强大力量。因此,党际关系四项原则与新型政党关系在基础、原则、目的等方面各有侧重,新型政党关系是党际关系四项原则在新时代的新发展。如何拓展新时代新型政党关系的时代内涵,还有进一步创新研究的空间。笔者认为新时代新型党际关系可以表述为:坚持在独立自主、完全平等、互相尊重、互不干涉内部事务的基础上,同一切愿与我党交往的各国政党和政治组织,建立和发展求同存异、互学互鉴、合作共赢的新型政党关系,促进国家关系发展,推动人类命运共同体建设。

今天,中国特色社会主义进入了新时代,如何进一步开拓新时代中国特色政党外交新局面,既需要创新的理论来指导实践,

---

[1] 中国法制出版社编:《中国共产党常用党内法规规范性文件汇编》,北京:中国法制出版社,2018年版,第8页。
[2] 邓小平:《邓小平文选》(第三卷),北京:人民出版社,1993年版,第294—295页。

也需要从丰富的实践中提炼出规律性的认识,使之上升到理论的高度,这就需要我们加强政党外交的学术研究、理论支撑和话语体系建设。这是理论工作者和学术研究者义不容辞的责任。

百年党的对外工作的根本经验与启示*

余科杰　外交学院教授、博士生导师,外交学院政党外交研究中心主任

摘要:党的对外工作历史经验十分丰富,但最重要最根本的主要有三条:一是始终坚持不干涉内部事务原则,根据这一原则,一种行为是否构成"干涉",不以是否经对方同意或邀请为前提,只要介入对方内政和事务就是干涉;二是始终坚持"国家利益至上"的总要求,以维护国家利益、促进国家关系作为发展对外党际关系的总依归和总要求;三是在超越意识形态的同时充分认识国际意识形态斗争的尖锐性和极端重要性,这些既是党的对外工作最为重要的历史经验,也是党的对外工作站在新的历史起点的重要启示。

---

* 本文系北京市社科基金重点项目《中国共产党政党外交理论与实践》(19ZGA001)阶段性成果。

善于总结历史经验，是中国共产党的优良传统和政治优势。科学总结党的对外工作历史经验，是党的对外工作理论和实践创新的前提和基础。在百年奋斗历程，尤其是新中国成立以来的历史实践中，党的对外工作始终坚持和不断发展马克思主义党际关系理论，始终坚持服务于党和国家中心工作、核心使命和国家总体外交，始终坚持党际关系四项原则，处理好意识形态与超越意识形态的关系，正确处理党际关系与国家关系的辩证统一，处理好与执政党和在野党的关系，处理好与共产党和其他类型政党之间的关系，这些都构成了党的对外工作的重要历史经验。综合考察，这些经验又可以进一步汇聚到不干涉原则、国家利益（国家关系）、意识形态三个焦点，即始终坚持不干涉内部事务原则，始终坚持"国家利益至上"的总要求，在超越意识形态的同时充分认识国际意识形态斗争的尖锐性和极端重要性，这三条既是党的对外工作最为重要的历史经验，也是党的对外工作站在新的历史起点的重要启示。

一、始终坚持不干涉内部事务原则

考察对外党际关系基本规范，主要是指党际关系四项原则，如果交往双方都是执政党，和平共处五项原则也是适用规范。在各项规范中，如果说独立自主是其中的核心精髓的话，那么不干涉内部事务原则在当今处理党际关系和国家关系实践中，具有更为重要的现实意义和更加关键的作用。这一原则要求我们既不允许别的国家、政党利用各种借口干涉我党内部事务和我国内政，也不允许利用我们的影响力去干涉别国内政和政党内部事务。1954年12月毛泽东与应邀访华的缅甸总理吴努谈到缅甸共产党问题时阐明了中共的不干涉原则。当时，吴努希望中共派一些公正的人士到缅甸实地研究考察。毛泽东说，我们派观察团到缅甸去，是不妥当的。吴努说，你们是应我们的邀请而来的，不是违背我们的意愿而来的，因此不是干涉内政。毛泽东说：不能说凡是政府愿意的，就不是干涉内政。一个国家到另外一个国家的土地上建立军事基地，附带军事和政治条件的援助和贷款，建立宗教机关进行间谍活动等，就是干涉内政；纯属于内政范围的事，如民族之间或党派之间的斗争，如果外国介入，就是干涉内政。[1] 显然，涉及交往对方内部事务，即便对方同意、受到邀请介入对方内部事务，我们也不能接受，否则就是"干涉"。

20世纪70年代末，邓小平谈到对外党际关系时多次强调指出，如何理解马克思主义、社会主义，选择什么样的道路，实行什么样的制度，应该由他们自己去决定，我们不作评判。1991年12月南非共产党八大召开，中共代表团应邀与会。期间，南非共围绕文件草案中究竟是社会主义还是"民主社会主义"进行了讨论，当有人在大会组织的记者会上问中共代表团对此的看法时，中共代表明确表示，"一个党信奉什么社会制度、信仰何种意识形态，这是他们自己的选择，也是他们的权利和内部事务，我们不予评论"[2]。恪守党际关系四项原则，尤其是不干涉原则，是破解消除一些发展中国家政党对我党疑虑戒心、破解"中国威胁论"的重要法宝。撒哈拉以南非洲各党同我党签订的数十个双边合作议定书中，无不写进这四项原则，而其中"他们最称道的是我不干涉内部事务"。一位非洲政党领导人说："永远不会忘记中国兄弟的友好情谊。唯有中国朋友不像其他国家那样指手画脚，从未说过一句不该说的话，更未干涉过我们党的内部

---

[1] 中共中央文献研究室编：《毛泽东年谱（一九四九—一九七六）》（第二卷），北京：中央文献出版社，2013年版，第322—323页。
[2] 蒋光化：《访问外国政党纪实》，北京：世界知识出版社，1997年版，第615页。

事务。"[1] 1992 年 4 月中共友好代表团访问马来西亚,第一次与马执政党"巫统"进行党际交往,该党对党际关系四项原则十分赞赏,尤其对不干涉内部事务原则感兴趣,"因为马来西亚是小国,不可能干涉别国内政"[2]。因此,中共作为大党,又领导中国这样的大国,坚持不干涉原则,具有特殊的意义。

不干涉原则,除了不干涉对方党的内部事务和执政党所领导国家的内政,还包括不利用对方的内部事务和内政针对第三国或第三方。2007 年 11 月 30 日至 12 月 4 日,王家瑞率团访问尼泊尔,期间会见了尼共(毛)领导人,在谈到尼泊尔与中印关系时,普拉昌达主席说,尼受制于印度,如果没有中国的平衡,尼的独立、主权和领土完整就没有保证,希望中国发挥更加积极的作用,只要有助于维护尼的独立、主权和领土完整,支持尼的和平进程和繁荣稳定,就不是干涉尼的内政。王家瑞重申不干涉内政原则,强调中国党和政府高度重视发展中尼关系,但这种关系不针对第三国。[3] 2009 年 12 月日本民主党党首小泽一郎率团访华期间,在与胡锦涛的会谈中,小泽虽极力表示他在民主党选举中的地位及对 2010 年参议院选举的信心,但胡锦涛仅表示,中国共产党重视同日本民主党的友好交流,愿与民主党一道,不断健全和完善两党交流机制,共同把这一机制打造成两国执政党开展对话、增进互信、促进合作、共谋发展的重要平台,为中日战略互惠关系长期健康深入发展作出贡献。[4]

由此可见,中共坚持不干涉原则的实践,有两个显著特点:

---

[1] 蒋光化:《访问外国政党纪实》,北京:世界知识出版社,1997 年版,第 670 页。
[2] 同上书,第 631 页。
[3] 艾平:《双洲记——政党国际交往亲历》,北京:当代世界出版社,2018 年版,第 204 页。
[4] 李广民、欧斌:《从与日本民主党的交流看中共政党外交》,载《中共党史研究》,2010 年第 2 期,第 104 页。

一是一种行为是否构成"干涉",不以是否经对方同意或邀请为前提,只要介入对方内政和事务就是干涉;二是与对象党交往不针对第三方或第三国。这两点中,第一点尤其重要。历史和现实表明,一些大党、大国,在与小党、小国交往中,为了避免受到国际社会谴责,往往对小党、小国暗中威逼利诱,迫使对方邀请、同意自己介入对方内部事务。党的十九大报告指出,"中国无论发展到什么程度,永远不称霸,永远不搞扩张"[1]。中国坚持彻底的不干涉原则,对于反对大党主义、大国主义,消除"中国威胁论",都具有十分重要的现实意义。不干涉原则,正是我们党在党际交往和国际事务中的"软实力"所在。

二、坚持"国家利益至上"的总要求

始终坚持以维护国家利益、促进国家关系作为发展对外党际关系的总依归和总要求。回顾对外党际关系史,在处理党际关系与国家关系、执政党与在野党、共产党与其他类型政党辩证关系的过程中,无论是在哪个阶段,处理哪一对关系,国家利益、意识形态都是关涉其中的核心问题,意识形态与国家利益的相互关系,无疑是其中最带有根本性的,而如何处理这一对关系即成为贯穿政党外交和对外党际关系始终的主线,这正是由政党外交的双重属性决定的。从历史实践来看,无论是政党关系,还是国家关系,政党之间,国家之间,不管意识形态是否相同,要发展双边关系并始终保持下去,其中起决定性作用的,往往不是意识形态,而是国家利益;即便是意识形态相同的政党之间,如果缺乏惠及双边关系的利益作为基础,那么这种仅仅以意识形态为纽带

---

[1]《党的十九大报告辅导读本》编写组编:《党的十九大报告辅导读本》,北京:人民出版社,2017年版,第58页。

的关系也是不可持续的,这方面社会主义国家之间政党外交曾留下了深刻教训;如果政党之间、国家之间存在连接双方的共同的利益纽带,特别是存在战略互惠,即便意识形态不同甚至对立,双方也是可以在相互合作的基础上建立起党际关系、推动国家关系发展。正因如此,20世纪70年代末以来,中国共产党在总结历史经验教训的基础上,果断提出超越意识形态的政党外交新要求,把维护国家利益、促进国家关系作为发展对外党际关系的基本出发点,在政党交往中,除了意识形态理念、治国理政经验的交流,还积极探索服务于国家关系发展的新方式、新渠道、新机制,把经贸务实合作融入政党外交,助力化解双边关系中的分歧障碍,不断增强双边关系的韧性。

把国家利益和国家关系作为政党外交的根本出发点,不仅是历史经验教训的结晶,而且更是"国家利益至上"这一准则的根本要求。只要人类社会仍然是以民族国家为基本构成单元,国家利益原则都始终是包括政党外交在内的任何国际政治行为主体和外交形式所必须坚持和遵循的原则。从新中国成立到20世纪70年代末之前,以毛泽东为核心的党的领导人,虽然没有明确"国家利益至上"的准则,但始终以特殊方式坚定地维护着国家利益。20世纪60年代初,毛泽东在中苏意识形态论战期间指出,苏联领导搞大国沙文主义,这是中苏关系中的核心问题,是要害所在。这个问题不解决,我们跟苏联之间的纠纷是一天也不会停止的。[1] 这实际上赋予了国家利益以至高地位。1989年10月,邓小平在会见美国前总统尼克松时说:"我们都是以自己的国家利益为最高准则来谈问题和处理问题的","考虑国与国之间的关系主要应该从国家自身的战略利益出发。"[2] 明确把国家利益作

---

[1] 吴冷西:《十年论战:1956—1966中苏关系回忆录》(下),北京:中央文献出版社,1999年版,第852页。

[2] 邓小平:《邓小平文选》(第三卷),北京:人民出版社,1994年版,第330页。

为中国对外关系的"最高准则"。党的十八大以后，习近平在阐述党和国家内外政策时正式提出"国家利益至上"。2016年8月28日，习近平对中国航空发动机集团公司成立作出重要指示，指出："希望你们牢记使命、牢记责任，坚持国家利益至上，坚持军民深度融合发展，……"[1]特别是2018年4月17日习近平在十九届中央国家安全委员会第一次会上明确提出"国家利益至上是国家安全的准则"[2]，这一论断既是总体国家安全观的根本指导，也是包括政党外交在内的国家总体外交的根本遵循。

随着中国特色社会主义进入新时代，中国与世界联系越来越紧密，中国把实现国家利益与各国共同利益结合起来。习近平指出，"我们要树立世界眼光，更好把国内发展与对外开放统一起来，把中国发展与世界发展联系起来，把中国人民利益同各国人民共同利益结合起来，不断扩大同各国的互利合作，以更加积极的姿态参与国际事务，共同应对全球性挑战，努力为全球发展作出贡献"[3]。习近平进一步指出，"我们应该倡导人类命运共同体意识，在追求本国利益时兼顾他国合理关切，在谋求本国发展中促进各国共同发展，建立更加平等均衡的新型全球发展伙伴关系。"[4]人类命运共同体理念以及紧密关联的"一带一路"倡议等国际公共产品，作为连接中国国家利益和各国共同利益的中国理念和中国方案，成为新时代政党外交的方向指引，把"国家利益至上"的原则提升到历史的新高度、新境界。

---

[1] 习近平：《加快实现航空发动机及燃气轮机自主研发和制造生产 为把我国建设成为航空强国而不懈奋斗》，载《人民日报》，2016年8月29日，第1版。

[2] 习近平：《习近平在十九届中央国家安全委员会第一次会议上强调 全面贯彻落实总体国家安全观 开创新时代国家安全工作新局面》，载《人民日报》，2018年4月18日，第1版。

[3] 习近平：《习近平谈治国理政》（第一卷），北京：外文出版社，2014年版，第248—249页。

[4] 《习近平在巴西国会的演讲》，http://www.xinhuanet.com/world/2014-07/17/c_1111665403.htm。

三、充分认识国际意识形态斗争的尖锐性和极端重要性

必须正确处理意识形态价值理念的超越和坚持，充分认识国际意识形态斗争的尖锐性和极端重要性。一方面，必须始终坚持党际关系中超越意识形态的基本准则，不受意识形态差异的牵扯，同一切愿意与我党往来的政党发展关系，坚决打破自我设限、画地为牢的做法，不因意识形态的差异分歧妨碍发展国家关系；放弃"意识形态挂帅"的做法，淡化意识形态，不搞意识形态争论，坚持以国家利益、国家关系为根本导向。正如邓小平在谈到党的对外工作时所说："不要给自己设置障碍，不要孤立于世界之外。""要重视广泛的国际交往，同什么人都可以打交道，在打交道的过程中趋利避害。"[1] 另一方面，必须充分认识到，作为联系纽带，单纯的意识形态相对于国家利益而言具有脆弱性，但作为一种信仰体系，意识形态又具有坚韧性、伸展性和强大凝聚力。20世纪70年代末中国共产党开始调整对外方针，实践中，首先恢复和发展的是与意识形态相同的各国共产党的关系，其次是与非洲、拉美那些意识形态相近的左翼民族主义政党进行往来，再次是发展与意识形态上有某些交集的社会党（它们虽然不赞同马克思主义意识形态，但主张民主社会主义）以及其他民族主义政党的关系，最后是发展与意识形态对立的资产阶级政党（自由党、保守党等）的关系。共产党、社会党、民族主义政党构成了中共政党外交的交往主体；而与资产阶级政党的交往，相比较而言，起步晚，往来不多，质量不高，主要在于，这些政党囿于意识形态的偏见，仍然对发展与中共的关系顾虑重

---

[1] 邓小平：《邓小平文选》（第三卷），北京：人民出版社，1993年版，第202、260页。

重。实际上，在西方，包括资产阶级政党、社会党等在内的主流政党，对于发展同中共的关系始终存在意识形态上的隔阂。意识形态斗争作为国际政治斗争的重大问题，将长期存在。

早在1957年毛泽东就指出："无产阶级和资产阶级之间在意识形态方面的阶级斗争，还是长时期的，曲折的，有时甚至是很激烈的。"[1]第二次世界大战后，西方国家挑起"冷战"，资本主义和社会主义两大阵营激烈对抗斗争，到20世纪80年代末90年代初，东欧剧变、苏联解体，国际共产主义运动走向低潮。但社会主义的历史并未因此"终结"，中国等国家继续坚持走社会主义道路。这种情况下，西方国家坚持冷战思维，企图对中国进行和平演变。1989年11月23日，邓小平会见坦桑尼亚革命党主席尼雷尔时指出："西方国家正在打一场没有硝烟的第三次世界大战。所谓没有硝烟，就是要社会主义国家和平演变。东欧的事情对我们说来并不感到意外，迟早要出现的。东欧的问题首先出在内部。西方国家对中国也是一样，他们不喜欢中国坚持社会主义道路。"[2]西方国家一方面与中国积极接触，另一方面始终戴着意识形态的有色眼镜，打着"自由""民主""人权"等旗号，对中国推行价值观外交，始终把意识形态目标作为对华交往的基本出发点。

党的十八大以来，以习近平同志为核心的党中央肩负中华民族伟大复兴的历史使命，高度重视意识形态问题，强调"意识形态工作是党的一项极端重要的工作"[3]，作出了一系列重要部署。在这一问题上，党中央始终保持了清醒认识。党的十九大报

---

[1] 中共中央文献研究室编：《毛泽东文集》（第七卷），北京：人民出版社，1999年版，第230页。
[2] 邓小平：《邓小平文选》（第三卷），北京：人民出版社，1993年版，第344页。
[3] 习近平：《习近平谈治国理政》（第一卷），北京：外文出版社，2014年版，第153页。

告指出："意识形态领域斗争依然复杂，国家安全面临新情况。"〔1〕法国前总统密特朗去世前谈到法美关系时曾说：我们与美国正处于战争之中。是的，一场永恒的战争之中，一场生死攸关的战争，一场经济战争，一场看上去不会死人的战争。是的，他们冷酷无情，这些美国人，他们贪婪成性，他们一心要独自攫取对世界的权利。这是一场人所不知的战争，一场永恒的战争，看上去似乎不会死人，但实际上是会死人的战争。〔2〕这段话可谓是西方各国在国家关系、国家利益上的真实写照。但我们不能因此对西方国家心存幻想。2020年年初，新冠肺炎疫情在中国和全球暴发。在中国抗疫初期，德国《明镜周刊》竟刊文称："中国人若想消灭这次的新型冠状病毒，需要的药方既不是什么西医疫苗，也不是中医草药，而是自由和民主。"〔3〕当中国有效控制疫情，而美欧因自身抗疫不力而陷入感染和死亡人数暴增的疫情灾难之时，这些国家考虑的不是"人命关天"而是"民主关天"，上自总统及政府高官，下至主流媒体，竟然无视世卫组织及国际社会对中国抗疫的充分肯定，对中国一致攻击，极尽造谣污蔑抹黑之能事，根本就在于中国抗疫成功体现了中国特色社会主义制度优势，而欧美国家大规模疫情蔓延，陷入灾难，则充分暴露了这些国家制度的弊端，它们处心积虑造谣抹黑中国，根本目的在于捍卫其"民主""自由"价值观。

可以预料，随着中国特色社会主义取得更大成就，中国同西方在意识形态领域的较量斗争将会更加尖锐激烈。党的十九大报

---

〔1〕《党的十九大报告辅导读本》编写组编：《党的十九大报告辅导读本》，北京：人民出版社，2017年版，第9页。

〔2〕Georges-Marc Benamou, *Le dernier Mitterrand* (密特朗的最后时刻), Paris: Plon, 1996, pp.52-53.

〔3〕宋鲁郑：《面对新冠病毒，究竟是民主关天还是人命关天?》，https://www.guancha.cn/SongLuZheng/2020_02_29_539037.shtml?s=fwckhfbt。

告指出，中国特色社会主义进入新时代，"意味着科学社会主义在二十一世纪的中国焕发出强大生机活力，在世界上高高举起了中国特色社会主义伟大旗帜；意味着中国特色社会主义道路、理论、制度、文化不断发展，拓展了发展中国家走向现代化的途径，给世界上那些既希望加快发展又希望保持自身独立性的国家和民族提供了全新选择，为解决人类问题贡献了中国智慧和中国方案"[1]。中国特色社会主义的伟大成就，终结了西方国家"历史终结论"，使其和平演变图谋和意识形态攻击遭到严重挫败。这是西方国家绝不能接受的。

综上所述，党的对外工作中必须坚持以"国家利益至上"为总要求，超越意识形态；但超越意识形态不等于放弃意识形态价值目标，相反，在西方国家加紧推行和平演变的情况下，必须加强国际上意识形态的斗争，从总体国家安全观的高度认识意识形态安全，把意识形态作为国家利益的重要组成部分。如果说处理好国家利益与意识形态的关系体现了党的对外工作的目标价值的话，那么不干涉原则则是发展党的对外工作的核心规范，始终坚持这一规范，就为实现目标价值提供了根本保障。

---

[1]《党的十九大报告辅导读本》编写组：《党的十九大报告辅导读本》，北京：人民出版社，2017年版，第10页。

中国共产党百年对外交往基本经验*

杨 扬　西南大学马克思主义学院教授

摘要：中国共产党成立100年来，积极开展对外交往活动，与世界各类政党形成了不同层次、不同类型的关系，积累了丰富的对外交往经验。无论在革命、建设、改革开放还是民族复兴阶段，中国共产党对外交往始终强调必须把握正确的时局观；围绕党的中心工作开展对外交往实践；遵循正确的党际交往原则；处理好党的对外交往与意识形态的关系；不断推进党的对外交往理论与实践创新。100年来，我党积累的对外交往的基本经验将为中华民族伟大复兴创造更好的外部条件，并更好地指导新时代中国特色大国外交的发展。

中国共产党的对外交往是一个内涵丰富的概念，从最初意义而言，其交往对象主要是政

---

* 本文系国家社科基金一般项目"习近平总书记政党外交思想研究"（18BKS164）、西南大学后期资助项目"改革开放以来中国共产党政党外交研究"（SWU1909018）的部分研究成果。

党与政党组织。本文立足于党的对外交往之"初心",探讨100年来这一历程的基本经验。中国共产党100年的对外交往历程,取得了巨大成就,不仅起到了加深行为体之间的友谊、深化国家间关系的作用,更是积累了对外交往经验,为以后党的外交和国家总体外交的发展提供了理论与实践指导。中国共产党的对外交往经历了探索期、发展期、开拓期、繁荣期等不同阶段,并形成了其基本经验。

一、必须准确把握正确的时局观

时局观,即对时代主题、时代特征、世界格局与国际形势的基本认知和评估。准确判断和正确把握时局,是科学制定对外政策的基本依据,是开展对外交往的重要理论指导。中国共产党对时局的准确认识和深刻把握,能有效推动我党对外工作的开展,强化中国与外部世界的互动,促进中国革命、建设、改革开放与民族复兴的发展。在不同历史时期,中国共产党总是立足于时代主题和国际形势的发展,根据时代潮流的变化趋势制定相应的对外交往方针政策,推动党的各项事业发展。

新民主主义革命具有不同的历史阶段,即大革命时期、土地革命战争时期、抗日战争时期和解放战争时期。不同历史阶段的时局并不相同,中国共产党在不同历史阶段的时局观也存在差异性。总体而言,世界处于"帝国主义与无产阶级革命的时代",帝国主义对中国进行残酷的侵略,中国革命是世界无产阶级革命的重要组成部分,这成为中国共产党对世界形势的总体判断,是中国共产党开展对外交往的基本依据。"战争与革命"是时代主题,中国共产党在认清国际形势的基础上,与共产国际及其各支部、被殖民国家的政党一道,共同反击帝国主义侵略者和国内封建主义势力。中国共产党作为共产国际的支部，许多方针政策都是在共产国际的指导下制定的。共产国际对中国革命的发展作出了重要贡献，马克思主义的学习与传播、工农运动的开展、中国共产党政策策略的制定和实施等多个方面，都离不开共产国际的帮助。20世纪30年代初期，亚欧两大战争策源地的形成，使世界多国人民遭受法西斯侵略者的威胁。共产国际"七大"明确指出，在殖民地和半殖民地国家，共产党和工人阶级的首要任务，在于建立广泛的反帝民族统一战线，为驱逐帝国主义和争取国家独立而斗争。[1] 在共产国际的指导下，中共中央决定在瓦窑堡召开政治局会议，制定有关抗日民族统一战线的政策。中国共产党与联共（布）的交往，是"战争与革命"时代主题下中国共产党党际交往的又一重要体现，二者既有合作，又有分歧，中国共产党在交往中逐步摆脱了联共（布）的控制与影响。中国共产党与被殖民国家的马克思主义政党加强了联系与交往，在民族独立和革命斗争中相互支援、互相扶持。抗日战争全面爆发后，日本帝国主义成为我党的最大敌人，联合一切反对日本帝国主义及其走狗的国家、党派甚至个人，建立国际统一战线反对日本帝国主义是中国共产党对外交往的重要内容。中国共产党基于对国际形势发展的判断，全面考察世界各种矛盾的发展变化，善于准确把握世界法西斯和反法西斯这一主要矛盾，联合被殖民国家的政党，共同反对日本帝国主义，为赢取抗日战争的胜利奠定了重要基础。中国共产党与朝鲜共产党在抗日战争中的交往合作就是一个很好的例证。新民主主义革命时期，中国共产党根据国际形势和世界主要矛盾的变化，开展同诸多政党、政党组织交往的活动，赢得他们对中国革命的同情与支持，为夺取政权创造了重要

---

[1] 黄修荣、黄黎：《共产国际与中国共产党关系探源》（下卷），北京：人民出版社，2016年版，第858页。

条件。

新中国成立后，战争与革命依然是时代主题。冷战的爆发与加剧，美苏争霸成为国际形势发展的主要特点。同时中国国内经济百废待兴，战争留下满目疮痍的局面。毛泽东同志密切关注国际形势的演变和国际战略格局的变化，重视国际政治力量对比，及时制定党的对外交往方针政策。面对以美国为首的帝国主义阵营的全面封锁，为巩固新生的人民政权，恢复与发展经济，中国共产党实行"一边倒"外交政策，加强与社会主义阵营马克思主义政党的联系与交往，为新中国的发展争取外援和创造条件。1951年中共中央对外联络部的成立，为中国共产党对外交往提供了重要平台和工作机制，中国共产党的对外交往更为活跃。20世纪50年代末至60年代，美苏关系缓和，中苏两党关系恶化，中国共产党反苏反美，并实施"以苏划线"，与一些政党的关系被迫中断，党的对外交往实践面临挫折。

改革开放以来，和平与发展成为时代主题。"现在世界上真正大的问题，带全球性的战略问题，一个是和平问题，一个是经济问题或者说发展问题。和平问题是东西问题，发展问题是南北问题。"[1]中国共产党纠正了过去"左"的做法，以新型党际关系四项原则处理党的对外交往，恢复了与一些国家共产党的关系，发展了与社会党的关系，与亚非拉民族主义政党积极交往，实现了中国共产党对外交往的历史性跨越。东欧剧变、苏联解体，国际形势发生急剧变化，美国成为唯一的超级大国，"一超多强"的国际格局逐渐形成。世界多极化和经济全球化趋势的发展，给世界的和平与发展带来了机遇和有利条件。[2]因此，为中国社会主义现代化建设营造和平环境，成了中国共产党积极拓展对外

---

[1] 邓小平：《邓小平文选》（第三卷），北京：人民出版社，1993年版，第105页。
[2] 江泽民：《全面建设小康社会 开创中国特色社会主义事业新局面——在中国共产党第十六次全国代表大会上的报告》，载《人民日报》，2002年11月18日，第1版。

交往的重要动力。中国共产党不断丰富对外交往的内容、拓宽对外工作的维度、延展对外交往的平台、扩大对外交往的对象等。

党的十八大以来，国际形势继续发生深刻复杂的变化，和平与发展仍然是时代主题。世界多极化、经济全球化深入发展，文化多样化、社会信息化持续推进，科技革命孕育新突破。国际力量对比朝着有利于维护世界和平方向发展，保持国际形势总体稳定具备更多有利条件。[1] 基于和平与发展的国际大环境、大背景，中国共产党对外交往趋向于加强与外部世界的合作，与世界各类行为体深入交往，合作共赢，在国际社会真正做到有所作为，提高中国共产党对外交往的能力和水平，提升中国共产党的执政能力。以习近平同志为核心的党中央积极开展对外交往，推进"一带一路"建设；构建"相互尊重、公平正义、合作共赢"的新型国际关系；深入开展全球治理，推动全球性问题的善治；为世界和平与发展贡献中国智慧与中国方案。尤其是，当今世界相互依存态势加深，人类命运共同体的构建成为世界发展的必然趋势，中国共产党在对外工作中高度重视人类命运共同体理念，在实践上加强政治、经济和文化等各个领域的合作，为构建人类命运共同体作出重要贡献。

中国特色社会主义进入了新时代，中国共产党对外工作顺应和平、发展、合作、共赢的时代潮流，准确理解并把握世界发展趋势及其特点，在对外关系中处理好中国与世界的有机联系，把国家利益与国际利益有机结合，推动中国特色社会主义事业和人类和平发展事业的共同发展。国际形势是不断发展变化的，具有诸多的不确定性。中国共产党对外交往必须牢牢把握时局的发展，以时代主题和国际形势为基本依据制定对外政策，这是中国

---

[1] 胡锦涛：《坚定不移沿着中国特色社会主义道路前进 为全面建成小康社会而奋斗——在中国共产党第十八次全国代表大会上的报告》，北京：人民出版社单行本，2012年版。

共产党百年来对外交往的基本经验。

二、必须围绕党的中心工作开展对外交往实践

中国共产党开展对外交往,以完成党的中心工作作为自身的重要目标。在不同历史时期,中国共产党具有不同的历史任务。中国共产党开展对外交往,通过外部联系来助推党的任务完成,充分利用世界各类政党的资源,服务于中国共产党的中心工作。党的对外交往,就是通过中国与世界的互动,获得推动中国革命、建设、改革开放和中华民族复兴的重要动力,为党的各项事业的发展奠定重要的外部基础。通过发展友谊,深化合作,争取支持,促进党的革命与建设事业发展。

新民主主义革命时期,中国是一个半殖民地半封建社会的国家,中国人民深受帝国主义、封建主义和官僚资本主义"三座大山"的压迫。不同时期,中国人民同这"三座大山"的矛盾有主次之分,因此,党的具体历史任务也不完全相同。总体而言,中国共产党的中心工作是推翻"三座大山",建立人民民主政权。中国共产党的对外交往工作,其目的是争取共产国际对中国革命的指导与支持,获得国外诸多政党对中国革命的同情与帮助,为中国革命的胜利创造良好条件。共产国际为中国共产党的早期活动提供必要的经费支持,其代表维经斯基六次来到中国对我国革命进行指导,为中国革命的发展作出了贡献。朝鲜劳动党对解放战争时期中国革命予以有力支持,朝鲜成为中国解放战争的重要战略后方。朝鲜劳动党在弹药武器、作战物资(布匹、盐、医药品等)上对中国革命予以重要支持,正如刘少奇同志所说,"在中国人民争取自由解放的艰苦斗争的年代里,无数朝鲜革命者英勇地参加了我们的斗争,同中国革命者一道,抛头颅、洒热血,

表现了最崇高的无产阶级国际主义精神"[1]。党的对外交往始终围绕推翻旧统治秩序、建立新政权的中心工作，团结一切可以团结的外部力量，为中国革命的胜利发展提供外部推动力。

在取得全国胜利前夕，毛泽东在党的七届二中全会报告中提出，随着战争的结束，我们将"动员一切力量恢复和发展生产事业"[2]。新中国成立后，我国经济饱受战争创伤，新建政权受到以美国为首的帝国主义阵营的包围与封锁。因此，党的中心工作是恢复与发展经济，巩固新生人民政权。作为执政党，中国共产党的外交实践主要集中于社会主义阵营，与苏联、波兰和罗马尼亚等东欧社会主义国家的执政党加强合作，积极争取苏联对中国的经济援助。苏联对华援建156项基础工业设施建设，向中国提供多种贷款，帮助中国建设恢复经济急需的煤炭、电力、机械和化工等50个重点项目。

党的十一届三中全会以来，《关于建国以来党的若干历史问题的决议》明确指出了党和国家工作的重心必须转移到以经济建设为中心的社会主义现代化建设上来。以经济建设为中心成为改革开放时期中国共产党的中心工作，党的对外交往就是围绕以经济建设为中心这个任务而展开，为经济建设的发展创造良好的外部条件。中共中央对外联络部将根据党的路线和党中央的指示，努力做好党的对外交往工作，为现代化建设、国内经济和政治体制改革、对外开放服务。[3] 党的对外交往要为国内经济建设服务，针对国内改革和发展的需要，中国共产党派出一些团组对国外经济发展模式、投资环境、城市交通管理、农业发展、高新技术产业开发等进行专题考察，从而更好地了解世界，开拓思路。

---

[1]《刘少奇主席在平壤各界欢迎大会上的讲话》，新华社平壤1963年9月18日电。
[2] 毛泽东：《毛泽东选集》（第四卷），北京：人民出版社，1991年版，第1429页。
[3]《中共以独立自主原则处理党际关系》，载《人民日报》，1988年12月14日，第1版。

同时,为促进地方经济的发展牵线搭桥、开辟渠道。[1] 党的对外交往从宏观上服务于经济建设,为中国经济建设创造良好的国际环境。通过发展合作,促进和平,减少冲突等层面来营造和平国际局势;同时,也从微观层面来搭建平台,使地方党的领导同志率团出访并与国外企业和财团广泛接触达成经贸合作。21世纪以来,经济因素在国际政治中的地位与作用日益上升,"如何使外交工作更好地为国内现代化建设服务,围绕国家发展进程中最现实、最直接、最紧迫的需要开展工作,是外交工作面临的重大课题"[2]。改革开放以来,以经济建设为中心,在党的对外交往工作中不断拓宽为改革开放和现代化建设服务的领域,把加强对外经济交流,促进经贸合作,作为党对外交往的重要内容。[3]

党的十八大以来,实现中华民族伟大复兴的中国梦成为中国共产党的中心工作。党的对外交往不再局限于为中国经济和社会主义现代化建设创造良好的国际环境,更是凸显中华民族伟大复兴这一现实焦点问题。中华民族经历了从站起来、富起来最终走向强起来的过程,现阶段党的对外交往,服务于"强起来"这一阶段,是围绕中华民族伟大复兴这一中心历史任务而进行的实践。新时代,中国共产党全面开展对外交往,习近平总书记高度重视党的对外交往工作,8年间,以中共中央总书记、中国国家主席双重身份3次出访,约40次接待来访。中国共产党同社会主义国家执政党交往全面深化,同周边国家政党关系更加稳固,同发展中国家政党交往更加丰富,同主要国家政党机制化交往逐渐

---

[1] 戴秉国:《深化党际交往 服务总体外交》,载《人民日报》,1999年12月28日,第7版。

[2] 唐家璇:《不断提高应对国际局势和处理国际事务的能力》,载《求是》,2004年第23期,第6页。

[3] 奚洁人主编:《党的先进性建设系列研究》(上卷),北京:人民出版社,2012年版,第480页。

成熟，同新兴政党交往实现新突破。[1]

三、必须遵循正确的党际交往原则

中国共产党对外交往必须遵循正确的党际交往原则，这是党际关系顺利发展的根本保证；脱离了这个方向，党际交往则会陷入大党主义、干涉他党内部事务等困境。中国共产党在对外交往中坚持独立自主原则，处理与世界各国政党及其政党组织的关系。世界形势在不断变化，政党情势也在深刻演变，处理党际交往的原则也在变化，因此，必须坚持正确的党际交往原则，推动不同时期党际关系发展，助力我党革命和建设事业的发展。

新民主主义革命时期，中国共产党对外交往缺乏经验，没有形成系统性的党际交往原则，只是在不断探索中发展对外关系。中国共产党自成立以来就开展对外交往，与共产国际建立了广泛联系。但这一过程是复杂的，共产国际对中国革命提供了巨大帮助和指导，实施了无产阶级国际主义援助，体现为对党的物质帮助和对中国工农运动的指导双重层面。但它对中国革命存在越俎代庖和干涉问题，尤其是在中国共产党革命早期，共产国际成为中国共产党的实际领导者，实行"家长制"作风，根本谈不上真正意义上的独立自主。共产国际一般号召不与各国实践相结合，具体布置代替了原则的指导，变成了干涉各国党的内部事务，使各国党不能独立自主，发挥自己的积极性、创造性。[2] 共产国际远东局的成立，维经斯基作为共产国际执委会代表进入中共中央委员会，参加中国共产党的日常工作，这实际成为共产国际干

---

[1] 杨依军、郑明等：《东方风来春色新——习近平总书记关心推动党的对外工作开创新局面纪实》，载《人民日报》，2021年1月17日，第1版。

[2] 周恩来：《周恩来选集》（下卷），北京：人民出版社，1984年版，第301页。

预中共中央日常事务的重要开端。遵义会议后，中国共产党逐渐走向独立自主，中国革命发展道路逐渐摆脱共产国际的干预。联共（布）是共产国际的领导者，独断专行，通过控制共产国际进而控制兄弟党，向兄弟党发号施令；把联共（布）内部的斗争引入共产国际，并要各兄弟党也依样画葫芦，并进行"残酷斗争，无情打击"，使各国共产党严重脱离了本国革命实践和本国人民群众，造成了极大的思想混乱。[1]

经历了新民主主义革命，中国共产党对外交往积累了一定的经验。新中国成立后中国共产党在对外交往中更加强调独立自主，并逐渐提出一些处理对外党际关系的其他原则。中国共产党在处理对苏联共产党的关系中，坚决反对苏共的大党主义，反对苏联搞所谓的"长波电台"和"共同舰队"，坚定维护国家主权。毛泽东在同拉丁美洲一些政党的代表谈话时说："我奉劝诸位，切记不要硬搬中国的经验。任何外国的经验，只能作参考，不能当教条。一定要把马克思列宁主义的普遍真理和本国的具体情况这两个方面结合起来。"[2] 中国共产党坚持党际交往的平等原则，在《对中共中央给苏共中央的复信稿的批语和修改》中，毛泽东指出："为什么一个党的决定，硬要一切党都服从呢？为什么不服从就算犯了大罪呢？请问这是什么逻辑，什么兄弟党之间相互关系的准则呢？"[3] 1968年3月29日，毛泽东在发表缅共武装斗争二十周年的声明的请示报告上批示："一般地说，一切外国党（马列主义）的内政，我们不应干涉。他们怎样宣传，是他们的事。我们应注意自己的宣传，不应吹得太多，不应说得不适

---

[1] 黄修荣、黄黎：《共产国际与中国共产党关系探源》（下卷），北京：人民出版社，2016年版，第1029页。

[2] 中共中央文献研究室编：《毛泽东文集》（第七卷），北京：人民出版社，1999年版，第133页。

[3] 中共中央文献研究室编：《建国以来毛泽东文稿》（第十一册），北京：中央文献出版社，1996年版，第106页。

当,使人看起来好像有强加于人的印象。"[1] 中国共产党在对外交往中坚决反对所谓的"父子党""猫鼠党",任何政党也不能自封为"领导中心"。诸多的对外交往实践为中国共产党党际关系原则的形成奠定了重要基础。

改革开放后,中国共产党在处理对外工作中的理论与实践日益成熟,系统化的党际交往原则被提上日程。1981年12月,胡耀邦在同希腊共产党访华代表团会谈时首次完整提出独立自主、互相尊重、完全平等、互不干涉内部事务的党际关系四项原则;1982年9月,中共十二大报告正式提出,"我们党坚持在马克思主义的基础上,按照独立自主、完全平等、互相尊重、互不干涉内部事务的原则,发展同各国共产党和工人阶级政党的关系"[2]。在这些原则指导下,中国共产党日益扩大对外交往的局面,与共产党、社会党、中右翼政党的关系逐步推进,政党交往数量与日俱增,合作领域日渐拓展,交往内容日益丰富,逐渐形成了全方位、宽领域、多层次的党的对外交往新格局。中共党际关系四项原则的形成与发展,进一步扩大了我党对外交往的广度与深度,不仅解决了中国共产党与国外一些政党的历史遗留问题,而且更进一步地处理好了与世界各种不同类型国家的不同性质政党的相互关系问题,具有鲜明的公正性、合理性和广泛的适用性,获得了越来越多的外国政党的赞赏与认同。[3] 正是在党际关系四项原则的指导下,中国共产党的对外交往发展迅速,成就颇丰。

---

[1] 中共中央文献研究室编:《毛泽东文集》(第八卷),北京:人民出版社,1999年版,第431页。

[2] 胡耀邦:《全面开创社会主义现代化建设的新局面——在中国共产党第十二次全国代表大会上的报告》,北京:人民出版社单行本,1982年版。

[3] 杜艳华等:《中国共产党对外党际交流史鉴》,上海:上海人民出版社,2011年版,第275页。

党的十八大以来，中国共产党对外交往在继承党际关系四项原则的基础上呈现繁荣的发展势头。在和平、发展、合作、共赢的时代潮流下，中国共产党对外交往原则获得了创新性发展。2017年12月，习近平总书记在中国共产党与世界政党高层对话会上发表《携手建设更加美好的世界》主旨讲话，指出"不同国家的政党应该增进互信、加强沟通、密切协作，探索在新型国际关系的基础上建立求同存异、相互尊重、互学互鉴的新型政党关系，搭建多种形式、多种层次的国际政党交流合作网络，汇聚构建人类命运共同体的强大力量"[1]。以求同存异、相互尊重、互学互鉴为核心内容的新型政党关系正式产生，成为新时代中国共产党处理对外交往的基本原则，是以习近平同志为核心的党中央主动因应中国共产党与世界关系的历史性变化，对处理党际关系原则的开拓性发展。中国共产党以新型政党关系为原则推动新型国际关系的发展，推动人类命运共同体构建，建设一个持久和平、普遍安全、共同繁荣、开放包容、清洁美丽的世界。在新型政党关系指导下，中国共产党对外交往的机制化建设取得发展，政党的多边交往成为未来中国共产党发展对外关系的重要路径，展现政党责任与使命的新型政党关系将进一步体现中国共产党对外交往的活力。中国共产党与全球各类政党加强交流合作，探索建立新型政党关系的新路径，搭建世界政党交流合作的各种平台，为推进"一带一路"建设、构建人类命运共同体发挥政党合力。

100年来，中国共产党不断探索和完善对外交往原则。只有坚持正确的党际交往原则，才能使自身更加充满活力，才能更好地提升中国共产党执政能力，处理好与外部世界的关系。新时代中国共产党开展对外交往活动，必须高举构建新型政党关系的旗

---

[1] 习近平：《在中国共产党与世界政党高层对话会上的主旨讲话》，载《人民日报》，2017年12月2日，第2版。

帜，增强与外部世界的交往能力，拓展全球政党伙伴关系网络，为构建人类命运共同体贡献中国智慧。

四、必须处理好党的对外交往与意识形态的关系

中国共产党的对外交往与意识形态有着天然联系，这不仅源自中国共产党是一个马克思主义政党，同时，其交往对象也是各类不同性质的政党或政党组织。任何政党都具有浓厚的意识形态性，在具体社会实践中都会体现出来。意识形态是政党的灵魂，是政党的思想武器。因此，它不可避免地渗入党的对外交往实践中，二者关系时而紧密，时而松散，但二者从没有真正分离。中国共产党经历了从新民主主义革命到中国特色社会主义新时代，意识形态的渗入对党的对外交往活动产生了深远影响，二者关系处理得当，则会推动党的对外工作的开展；否则，会对中国共产党的对外交往产生不利影响。

新民主主义革命时期，中国共产党与共产国际、联共（布）的交往，主要是基于彼此对同一意识形态的认知，都坚持和信奉马克思主义，都是马克思主义政党（组织）。成立初期，中国共产党对马克思主义理论的认知相对浅显，对无产阶级革命和工农运动实践一直处于探索阶段。共产国际与联共（布）是世界无产阶级革命和国际共产主义运动的领导者，具有较为深厚的马克思主义理论功底。世界各国共产党都是共产国际的支部，接受共产国际与联共（布）的领导。共产国际领导中国共产党工作的一个重要方面即思想领导，运用马克思主义理论指导中国革命运动，最终夺取政权实现无产阶级专政。共产国际运用马克思主义理论指导中国革命的发展，表现出僵化和教条的特点，在处理与中国共产党的关系、指导中国革命的过程中都出现了失误，使得中国

革命遭受了重大挫折。中国共产党成立初期对马克思主义理论的认知缺乏深入性,跟随共产国际的"指挥棒"运转,但随着中共经历一系列革命斗争积累了经验,中国共产党对马克思主义理论的认知逐渐加深,强调独立自主性,把马克思主义普遍原理与中国革命的具体实际结合起来,推进中国革命的发展。中国共产党与共产国际的关系,突出表现在双方对马克思主义理论的认识和运用上;中国共产党强调在实践中坚持独立自主,与共产国际对马克思主义的教条式运用和照抄硬搬,形成鲜明对比。

新中国成立后,受冷战因素的影响,中国共产党对外交往的意识形态因素非常突出。中国共产党交往的对象主要是社会主义国家执政党以及其他国家的中左翼政党,基于马克思主义意识形态,中国共产党把苏联共产党作为对外交往的重中之重,大力发展中苏两党关系,并积极促成苏联对中国各方面的援助。同时,受意识形态的影响,中国共产党与东欧社会主义国家执政党的关系也获得了长足发展。20世纪60年代以来,中苏两党关系的恶化,源于中苏共产党对马克思主义理论的认识存在重大分歧。在中共看来,赫鲁晓夫提出"和平过渡"的观点,实质上是公开地修正了马克思列宁主义关于国家与革命的学说,公开地否定了十月革命道路的普遍意义。[1] 中国共产党批判苏联共产党为"修正主义者",苏联为"社会帝国主义"。在中国共产党的文件里,"现代修正主义"就作为一个定论,成为赫鲁晓夫和他所代表的苏共中央的同义语和代名词。[2] 中国共产党对外交往奉行"以苏划线"思维,使中国共产党的对外工作遭受挫折。中苏两党在意识形态立场上存在很大差别,导致中苏两党关系停滞,国家间关系也出现严重倒退。意识形态占据两党关系的首位,则自然会

---

[1]《人民日报》编辑部、《红旗》杂志编辑部:《苏共领导同我们分歧的由来和发展——评苏共中央的公开信》,载《人民日报》,1963年9月6日,第1版。
[2] 李捷:《中苏论战与中苏关系》,载《东欧中亚研究》,1999年第5期,第27页。

破坏党际交往的开展。

党的十一届三中全会以来，中国共产党及时总结党的对外交往经验教训，逐步提出处理党的对外交往与意识形态相互关系的政策。1984年5月，胡耀邦在会见以勃兰特为团长的德国社民党代表团时发表《超越意识形态的差异 谋求相互了解和合作》的演讲中指出："为了共同维护世界和平，我们之间超越意识形态的差异，谋求相互了解和合作，应当成为开拓新的关系的唯一现实的抉择。"[1] 这是中国共产党首次明确提出"超越意识形态"的思想，也加快了中共与德国社民党建立合作关系的步伐。不久后，这一政策思想被广泛应用于中国共产党处理与世界各类不同性质政党的关系，并获得了国际社会诸多政党的赞扬。20世纪90年代，中国共产党对外交往的意识形态立场更为鲜明，首次提出意识形态不能成为发展党际关系的障碍。世界各国的意识形态、社会制度和发展道路并不相同，但这些分歧不能成为政党交往与合作的绊脚石。"意识形态不同的政党之间，应当提倡互相尊重、平等对话、增进了解、加强合作。中国共产党和社会党国际及其成员之间，可以超越意识形态的差异，进行交流与合作。"[2] 21世纪以来，本着"超越意识形态差异，谋求相互了解与合作"的精神，中国共产党与世界各国，特别是发达国家的社会党、自由党、基民党、保守党等各类政党及政党国际组织建立了多种形式的接触、交流与合作关系。[3] 改革开放后，中国共产党有效地梳理和处理党的对外交往与意识形态的关联，摆正了意识形态的位置，推动了政党外交发展。

---

［1］ 胡耀邦：《超越意识形态的差异谋求相互了解和合作》，载《人民日报》，1984年5月30日，第3版。

［2］ 杨国强：《江泽民会见社会党国际主席》，载《人民日报》，1998年9月16日，第1版。

［3］ 杨扬、祝黄河：《改革开放以来中国特色政党外交的成就与经验》，载《社会主义研究》，2019年第5期，第59页。

党的十八大以来，中国共产党对外交往进一步深化了超越意识形态差异的思想。正如习近平总书记所强调的，"我们应谋求从求同存异升华到聚同化异，聚利益、责任、挑战之同，化意识形态、政治制度、发展阶段之异，打造顺应时代发展的新型党际关系"[1]。这是对"超越意识形态的差异"的理论升华，从方法论上阐述了聚同化异的深刻内涵，丰富和发展了党际交往的思想内核。党的对外交往不只是要超越意识形态的差异，更是要通过聚同化异来消除差异和分歧，寻求彼此的共同点，解决党际交往中的矛盾与问题，寻求政党之间的合作，这是未来中国特色政党外交发展的重要方向。超越意识形态的差异，从"求同存异"走向"聚同化异"，则是党际交往的一个重要创新点，深刻反映了中国共产党着手解决政党交往中意识形态对立性的矛盾，为全球政党外交的发展贡献中国智慧。全球化时代，世界各国人民命运紧密相联，中国共产党在对外交往中提出"超越意识形态差异，共建人类命运共同体"的倡议，强调要承认差异、尊重差异和超越差异，寻求共生性利益来推进党际合作，为共建人类命运共同体添砖加瓦。世界是多样性的，意识形态是多元化的，但这并不能成为它阻碍政党交流与合作的借口。中国共产党正确处理好意识形态与党的对外交往之间的关系，为全球政党合作提供了更为便利的条件，世界政党交往的广泛性、普遍性和全面性正在形成。

100年来，意识形态始终贯穿于党的对外交往历程中，并深刻影响其发展。历经100年的发展历程，中国共产党形成了处理党际交往与意识形态相互关系的基本经验。整个100年党的对外交往历程，是中国共产党在不断探索和创新中形成处理意识形态

---

[1]《习近平会见德国社民党主席、副总理加布里尔》，载《人民日报》，2015年7月16日，第1版。

与党际关系的基本经验的历程。

五、必须不断推进党的对外交往理论与实践创新

100年来，中国共产党对外交往的理论与实践是在不断发展变化的，是一个持续性动态过程。中国共产党是对外交往工作的领导者，在与外部世界的互动中发挥至关重要的核心领导作用。党的角色和身份经历了从"革命党"到"执政党"的转型，从"以夺取政权为目标"转向"以巩固党的政权为宗旨"；这决定了党的对外交往理论与实践也会发生重大转变，不断实现创新发展。

中国共产党成立早期，在处理与共产国际及联共（布）的关系时，显得比较被动，这源于中国共产党作为一个新生政党在国际交往中缺乏经验，甚至把来自共产国际与联共（布）的指令看成是"神圣的"，把它们应用于中国革命事业中。遵义会议是中国共产党第一次独立自主地运用马克思主义基本理论解决中国革命的路线、方针和政策问题，妥善处理了党内存在的分歧与矛盾，是中国共产党从幼年走向成熟的标志。遵义会议后，独立自主也反映到中国共产党对外交往的层面上来，用以处理与共产国际、联共（布）以及其他各国共产党的关系。中共中央及时派陈云向共产国际汇报遵义会议的情况，恢复了与共产国际曾经中断的关系，继续尊重共产国际的领导地位，但在中国革命问题上我党坚持独立自主原则来处理彼此间的关系。独立自主在理论与实践上成为中国共产党处理对外交往的指导性原则，这是中国共产党对外交往的理论创新与实践创举，是党的对外交往重大创新，为新中国成立后政党外交的发展奠定了重要基石。面对联共（布）发号施令和指手画脚，中国共产党提出反对"老子党"和

"父子党",主张党际关系的平等原则。这些原则是在党的对外交往实践中形成的理论创新,成为以后中共党际关系四项原则的重要理论基础。

新中国成立后,中国共产党主要与社会主义阵营共产党及其他国家的马克思主义政党交往。相对于新民主主义革命时期,中国共产党对外交往的重要创新在于两个方面,其一是在党和国家双重层面上追求独立自主的倾向更为明显,国家主权意识更为浓厚。这主要源于中国共产党作为一个执政党,在对外交往中深刻体会了以往共产国际与联共(布)带给中国革命的错误指导,同时1949年以后的中共在与苏共交往中,苏共仍然表现出强烈的"大党主义",损害其他社会主义国家的主权,凌驾于其他马克思主义政党之上,这使得刚夺取政权不久的中国共产党对国家主权的认知更深刻,必须在党际交往、国家间交往中坚持独立自主原则,坚决反对苏共以任何一种方式侵害中国国家主权。中国共产党在党和国家双重层面上坚持独立自主原则,坚定维护国家主权。其二,中国共产党在国际共产主义运动中积极实施国际主义援助。新民主主义革命时期,中国共产党主要争取外援,获得国际社会对中国革命的支持与帮助;新政权建立后,中国共产党高度重视并实施国际主义援助,即"革命时外援,胜利后援外"的国际主义思想。朝鲜战争爆发后,中共中央决定出兵朝鲜,这不仅是援助朝鲜劳动党,也深化了中苏两党的关系。20世纪60年代,中国共产党对越南的援助,可谓是竭尽全力,大公无私,充分发扬国际主义精神。1965年《中共中央关于加强备战工作的指示》明确指出,越南人民需要我们什么援助,我们就给他们什么援助。[1]

---

[1] 中共中央文献研究室编:《建国以来重要文献选编》(第二十册),北京:中央文献出版社,1998年版,第143页。

改革开放后,中国共产党对外交往呈现新面貌,理论与实践创新成为新的起点。中共党际关系四项原则的提出并写入党章,成为系统化的处理党际关系的基本原则,在实践上成为党际交往的重要行为准则和各国开展党际合作的重要思想指南。"超越意识形态的差异,谋求相互了解和合作",有效地处理了党的对外交往与意识形态的关系,使意识形态不再成为政党交往与合作的障碍性因素,改变了以往中国共产党以意识形态划线来处理党际关系的传统做法。中国共产党在理论上对党的对外交往有了新的定位,明确了其基本属性,促进了实践发展。中共领导人多次强调中国共产党的对外交往是党的事业的重要战线,是国家总体外交的重要组成部分,这种双重定位是对党的对外工作地位与作用的重要肯定,是中国共产党与外部世界建立联系、开展交往、发展合作的主要渠道。20世纪80年代中后期,政党外交概念的提出,进一步丰富了党的对外交往内涵,是这一理论的重大创新与发展。与中共第一代领导集体时期相比,改革开放以来党的对外交往对象具有广泛性,涉及世界各类不同性质的政党和政党组织;在交往内容上不再局限于以往政治领域与政治交往,而是具有深刻的经济内涵以及包括多个领域的内容。同时,政党的机制化交往也逐步形成,诸如中越两党理论研讨会等机制化建设初步形成并日益发展。

党的十八大以来,中国共产党的对外交往呈现繁荣发展势头,理论与实践创新也随之呼出。习近平总书记对党的对外工作进行了深刻阐述,提出了一系列新思想、新观点。诸如党的对外工作是我们党的一条重要战线,也是国家总体外交的重要组成部分。这诠释了新时代党的对外交往工作的地位与属性,是继承基础上的创新;有力阐释了新时代党的对外交往既要服务于党的事业的总体目标,也要服务于国家总体外交的需求。以"求同存异、相互尊重、互学互鉴"为核心内容的新型政党关系，是在中共党际关系四项原则基础上的理论创新，成为中国特色政党外交的重要指导思想，其中互学互鉴更突出了党际交往过程中的实践特色，即要学习和借鉴他国政党的特长与优势，在全球化进程中提升政党的素养和能力，经得起全球性挑战和风险。2017年中国共产党与世界政党高层对话会已形成机制化建设路径，这是中国共产党首次与全球各类政党进行对话的重要平台，是中共对外交往的实践创新，充分发挥了多边外交的作用，展现了中国共产党的大党情怀与责任担当。习近平总书记提出在政党交往中要聚同化异，这是对"超越意识形态的差异"的理论升华，直接提出了解决意识形态分歧的方法，追求不同政党的共同利益。政党是当代国际政治生活中的重要力量，构建人类命运共同体要充分发挥政党的贡献，通过政党交往、交流、交心，为推动构建人类命运共同体积淀力量。新时代，党的对外交往要发挥政治引领作用，加强方向引领、理念引领和认知引领，为人类社会的发展贡献中国智慧和中国方案。上述重要思想理论与实践的创新，推动了中国特色政党外交的蓬勃发展。

100年来，中国共产党对外交往走过了光辉历程，为党的革命、建设、改革事业作出了重要贡献。回顾历史，党的对外交往虽然有过教训，但更多是经验的积淀。追溯党的对外交往发展历程，中国共产党始终坚持开放包容的态度与外部世界进行交往，使自身从幼稚走向成熟，从成熟走向更为完善。这些积累的经验，将更好地指导党的对外工作的开展，为中华民族伟大复兴创造更好的外部条件，为人类命运共同体的建设搭建更好的平台和创造更大的动力。

邓小平的政党外交思想及其现实意义*

王玉贵　苏州大学历史学系教授

摘要：政党外交是当代中国总体外交的一个重要组成部分。注重政党外交是邓小平外交思想和实践的一个重要内容。邓小平不仅提出了一系列从事政党外交的基本思想和指导原则，而且直接领导并参与了许多重要的政党外交的实际工作，大大丰富和发展了新中国的政党外交思想和实践，对新时代开展具有中国特色的政党外交具有很强的现实指导意义。

中国共产党自成立起就积极开展党际交往。尽管早期中苏两党的交往存在着上下级的关系，但随着中国共产党的日益成熟，在相互交往中的独立自主色彩越来越明显，从遵义会议起，中国共产党开始独立处理自己的内外事务。中华人民共和国成立后，中国共产党更加重视政党外交工作的开展。1951年1月成立了中共中

---

* 本文为中共中央对外联络部委托项目"新时期中国民间外交研究（2017年度）"课题的阶段性研究成果。

央对外联络部，专门负责和社会主义国家政党间的交往活动，后来活动范围和内容不断扩大。但就狭义而言，所谓政党外交，是指政党之间开展的对外交往活动，其主体是各国政党，既可以是执政党，也可以是在野党；目的是加强国家之间的相互了解和外交关系的发展，因而其必然带有明确的政治性。

当今世界虽然各国的国家性质不同，政体也不一样，但绝大多数国家都实行政党政治。要保持和发展国家间的外交关系，积极发展政党间的友好关系是其中必不可少的重要内容。邓小平一贯十分重视党的对外工作，从1954年4月起就开始主管党的对外工作，直到"文化大革命"爆发。中共十一届三中全会后，作为中国改革开放和现代化建设的总设计师，邓小平的一个很重要的工作就是接见来访的世界各国的重要政党领导人，向他们宣传解释中国的改革开放基本国策。据不完全统计，新中国成立以来，邓小平先后300多次会见了各国的政党领导人。[1] 在同这些政党特别是性质基本相同的政党的交往活动中，邓小平深刻总结国际共产主义运动中在处理党际关系上存在的经验教训，提出了一系列重要的开展党际交往的基本原则和指导思想，开创了我国政党外交工作的新局面。

一、邓小平政党外交思想形成的背景

邓小平政党外交思想的形成不是偶然的，而是有其深厚的理论与实践基础的，既总结了中外政党交往的经济教训，也继承并发展了中共第一代领导集体发展党际关系的基本思想。

长期以来，苏联领导人常常以世界革命的中心自居，对其他

---

[1] 李淑铮：《以邓小平外交思想为指针，进一步开拓党的对外工作新局面》，载王泰平主编：《邓小平外交思想研究论文集》，北京：世界知识出版社，1996年版，第12页。

国家的共产党颐指气使，缺乏最基本的尊重，粗暴干涉别国内政。斯大林就曾公开说过：苏联工人阶级是国际无产阶级"公认的领袖"，苏联是世界革命运动"强大而公开的中心"。[1]

  以毛泽东为代表的中共第一代领导集体曾坚决抵制党际交往中的不正常现象。毛泽东曾多次当着苏联领导人的面，严肃批评他们在处理党际关系问题上存在的不正当做法。"过去说是兄弟党，不过是口头说说而已，实际上是父子党，是猫鼠党。""这种父子关系不是欧洲式的，而是亚洲式的，带封建性的。"[2] "苏方习惯于以老子党自居，训斥兄弟党，像老子训斥儿子那样，不习惯在兄弟党之间进行民主讨论。"[3] 1960年9月，邓小平在同苏联领导人的会谈时也说："在兄弟党的关系上，他们搞的是父子党，要各兄弟党都得听苏共的。"[4] 并严正表示："中国共产党永远不会接受父子党、父子国的关系。你们撤退专家使我们受到了损失，给我们造成了困难，影响了我们国家经济建设的整个计划和外贸计划……中国人民准备吞下这个损失，决心用自己双手的劳动来弥补这个损失，建设自己的国家。"[5] 后来，邓小平在回顾中苏关系时，虽然一方面坦率承认中国共产党并不都是对的，但同时也客观指出："真正的实质问题是不平等，中国人感到受屈辱。"[6] 并一再强调："我们历来主张世界各国共产党根据自己的特点去继承和发展马克思主义，离开自己国家的实际谈马克思主义，没有意义。所以我们认为国际共产主义运动没有中

---

[1] 许月梅：《建国后中国共产党政党外交理论研究》，北京：中国社会科学出版社，2003年版，第106页。
[2] 吴冷西：《十年论战：1956—1966中苏关系回忆录》（上），北京：中央文献出版社，1999年版，第100—101页。
[3] 同上书，第364页。
[4] 同上书，第362页。
[5] 同上书，第362—363页。
[6] 邓小平：《邓小平文选》（第三卷），北京：人民出版社，1993年版，第294—295页。

心，不可能有中心。"[1]

在处理与民族主义国家党的关系时，毛泽东也坚持不干涉别国内政的原则，其中也包括不支持这些国家的共产党组织等以及他们所领导的革命运动内容。1954年，毛泽东在同缅甸领导人谈话时说道："共产党的问题不是一个国家的问题，而是一个世界性的问题，因为大多数国家都有共产党。因此各国都要自己处理自己的问题。在你们国内也有对我们不友好的党派、团体和个人，在别国如印度、印尼也有。但是我们不好干涉，不好对这些党派、团体和个人说，他们不应该反对我们。每一国都有几种党。对于这几种党，我们不能表示反对哪些党，赞成哪些党。我们只能以每一国的政府为对象来解决问题。"[2] 周恩来也曾指出："兄弟党、兄弟国家之间，如果不幸发生了争执和分歧，应该本着无产阶级国际主义的精神、平等和协商一致的原则，耐心地加以解决。对任何一个兄弟党进行片面的指责，是无助于团结，无助于问题的解决的。"[3]

中国共产党在处理党际关系时，总的来说是清醒的，特别是反对苏联的"老子党"作风，捍卫自己独立自主权利方面，是完全正确的。但毋庸讳言，"我们过去也并不都是对的"[4]。如民主革命时期曾发生过照抄照搬苏联经验，未能成功抵制苏联和共产国际的错误指挥而使革命遭受严重挫折的失误；新中国成立后特别是新中国成立初期，也曾犯过照抄照搬过苏联模式的错误。20世纪50年代后期开始，则对苏联、东欧国家的共产党"犯了

---

[1] 邓小平：《邓小平文选》（第三卷），北京：人民出版社，1993年版，第191页。
[2] 中共中央文献研究室编：《毛泽东文集》（第六卷），北京：人民出版社，1999年版，第374—375页。
[3] 邱治家等：《周恩来与党际关系四项原则》，载《当代世界》，1998年第3期。
[4] 邓小平：《邓小平文选》（第二卷），北京：人民出版社，1994年版，第319页。

点随便指手画脚的错误"[1]。

毫无疑问，邓小平的政党外交思想正是在总结了历史上一些国家的共产党特别是苏联党在处理党际关系问题时所留下的经验教训的基础上并结合自身从事政党外交的实践，才得以形成并不断丰富和发展的。

二、邓小平政党外交思想的主要内容

邓小平政党外交思想的内容是相当丰富的，本文仅就以下几个方面做些探讨。

首先，关于政党外交的基本原则。邓小平指出，党与党之间的关系，有两条原则一定要坚持。第一条原则是，党与党之间的关系是平等的关系，不是父子党的关系。第二条原则是，任何国家的事情只能由那个国家的党和人民去判断。邓小平说："各国党的国内方针、路线是对还是错，应该由本国党和本国人民去判断。"[2]"人家根据自己的情况去进行探索，这不能指责。即使错了，也要由他们自己总结经验，重新探索嘛！""各国的事情，一定要尊重各国的党、各国的人民，由他们自己去寻找道路，去探索，去解决问题，不能由别的党充当老子党，去发号施令。我们反对人家对我们发号施令，我们也决不能对人家发号施令。这应该成为一条重要的原则。"[3] 对别国党的"有些事我们是不赞成的，但是不赞成是一回事，指手画脚是另一回事。这是个原则问题"[4]。我们对父子党关系是深受其害的，感触也就很深。邓

---

[1] 邓小平：《邓小平文选》（第三卷），北京：人民出版社，1993年版，第237页。
[2] 邓小平：《邓小平文选》（第二卷），北京：人民出版社，1994年版，第318页。
[3] 同上书，第319页。
[4] 外交部档案馆编：《伟人的足迹——邓小平外交活动大事记》，北京：世界知识出版社，1998年版，第268页。

小平说：父子党关系，要控制人家，我们是深有感受的。"我们反对'老子党'，这一点我们是反对得对了。我们也不赞成有什么'中心'。"正是在总结经验的基础上，中国共产党提出"党与党之间要建立新型的关系"[1]，并明确提出了处理党际关系的四项原则，即：独立自主、完全平等、互相尊重、互不干涉内部事务。所以中国共产党一再强调，国家无论大小，党无论大小，应该一律平等。改革开放以来，中国的发展步伐尽管日益加快，但邓小平始终强调，中国永远属于第三世界，坚定地同第三世界站在一边，但"头头可不能当，头头一当就坏了"，"当第三世界的头头名誉也不好"[2]。直到20世纪90年代初，邓小平还一再提醒说，千万不当头，一是没有当头的资格和实力，二是当了头，"许多主动都失掉了"[3]。

  邓小平指出：总结历史经验，"有一点最重要，就是任何大党、中党、小党，都要相互尊重对方的选择和经验，对别的党、别的国家的事情不应该随便指手画脚。对执政党是这样，对没有执政的党也应该是这样"，"如果他们犯了错误，由他们自己去纠正"[4]。又说："一个国家的社会主义革命和建设应当由本国的共产党独立处理，任何外国党要说三道四、指手画脚，都肯定要犯错误的。任何外国党对于别国的情况总是比较生疏的，总没有本国同志那样了解自己的问题。即使犯了错误，也要靠本国的同志去总结经验和改正，这样才靠得住。"[5] 这显然是在总结了中国革命和建设的经验教训后得出的结论。在中国革命的早期阶段，苏联和共产国际曾经给予中国共产党很大的帮助，对此中国

---

[1] 邓小平：《邓小平文选》（第三卷），北京：人民出版社，1993年版，第237页。
[2] 邓小平：《邓小平文选》（第二卷），北京：人民出版社，1994年版，第416页。
[3] 邓小平：《邓小平文选》（第三卷），北京：人民出版社，1993年版，第363页。
[4] 同上书，第236页。
[5] 外交部档案馆编：《伟人的足迹——邓小平外交活动大事记》，北京：世界知识出版社，1998年版，第268页。

共产党人应当永记不忘。但同时也要客观地看到，由于苏联和共产国际的错误指导，也曾给中国革命事业造成了巨大损失。陈独秀、李立三、王明等人所犯的"左""右"倾错误在很大程度上都是苏联和共产国际瞎指挥之下的产物。更为严重的是，苏联和共产国际对自己所应承担的责任采取了一推了之、全不认账的态度，因而也就很难从中吸取教训，避免重犯类似错误，进而影响了党的成长成熟及其所领导的革命事业的发展。抗日战争胜利后的一段时间，苏联领导人又犯了不准中国共产党推翻国民党反动统治的错误，但已经成熟起来的中国共产党人拒绝了苏联领导人的意见，毅然领导中国人民取得了解放战争的伟大胜利。新中国建立后，在苏联的帮助下，中国的"一五"计划得以顺利实施并提前完成，但从20世纪50年代后期起，苏联大党大国主义有所膨胀，要求中国的内外政策服从并服务于苏联的国际战略需要。中国领导人表达了即使被碾得粉碎也要坚决捍卫国家独立与尊严的坚定态度和坚强意志。邓小平认为，只要对这个问题认识清楚了，党与党之间关系的障碍也就排除了。党的关系就能真正建立在相互尊重、互相了解，甚至还包括互相谅解的基础上。

在谈到20世纪60年代那场产生了深远影响的中苏意识形态大论战（邓小平不仅是那场论战的亲历者，更是中共党内在第一线主持论战的当事人、组织者，用邓小平自己的话来说，扮演了不是一个"无足轻重的角色"）时，邓小平指出："一个党评论外国兄弟党的是非，往往根据的是已有的公式或者某些定型的方案，事实证明这是行不通的。"[1] 又说，"回过头看看，我们过去也并不都是对的"[2]。"我们的错误不在个别观点，个别观点上谁对谁错很难讲，应该说，我们的许多观点现在看还是正确

---

[1] 邓小平:《邓小平文选》(第二卷)，北京：人民出版社，1994年版，第318页。
[2] 同上书，第319页。

的。我们的真正错误是根据中国自己的经验和实践来论断和评价国际共运的是非,因此有些东西不符合唯物主义和辩证法的原则。"[1] 邓小平的这些论述,不仅是对中苏大论战的总结,而且为在新的历史条件下如何正确处理社会主义国家的执政党关系方面指明了方向。世界是丰富多彩的,各国的情况千差万别,国际共运和各国党的是非只能根据各国党的实践和经验来判断,才符合辩证唯物主义的思想路线。这可以看作是邓小平对国际共产主义运动的历史性贡献,对总结当今各国和世界共产主义运动的历史经验以及指导日后这一运动沿着正确的轨道顺利发展有着重要的现实意义和深远的历史意义。

国际共运历史的根本经验是"各国党要根据自己的实际,自己所处的国际地位和国内情况,自己决定自己的路线和政策,革命也好,建设也好,才能取得成功"[2]。邓小平说:"一个党犯错误是难免的,就是犯了错误,也要由自己去总结,自己去解决问题,这样才靠得住。"[3] 邓小平总结了中国共产党领导革命和建设的历史经验后指出:"走自己的路,建设有中国特色的社会主义,这就是结论。""中国革命为什么能取得胜利?就是以毛泽东同志为首的中国共产党人,独立思考,把马列主义的普遍真理同中国的具体情况相结合,找到了适合中国实际情况的革命道路、形式和方法。"[4]"中国革命就没有按照俄国十月革命的模式去进行,而是从中国的实际情况出发,农村包围城市,武装夺取政权。既然中国革命胜利靠的是马列主义普遍原理同本国具体

---

[1]《中联部原部长回忆邓小平会见各国党政领导人(2)》,http://cpc.people.com.cn/GB/64162/64172/85037/85038/5882260.html。
[2] 中共中央文献研究室编:《十二大以来重要文献选编》(上),北京:人民出版社,1986年版,第295页。
[3] 邓小平:《邓小平文选》(第三卷),北京:人民出版社,1993年版,第27页。
[4] 外交部档案馆编:《伟人的足迹——邓小平外交活动大事记》,北京:世界知识出版社,1998年版,第272页。

实践相结合，我们就不应该要求其他发展中国家都按照中国的模式去进行革命，更不应该要求发达的资本主义国家也采取中国的模式。"[1]

其次，关于政党外交的目的。政党外交的目的是配合、服从并服务于国家的总体外交工作的，对于处于执政地位的社会主义国家的政党外交来说，还起着引领政府外交的作用。1964年毛泽东在同法国议员代表团的谈话中说："你们不是共产党，我也不是你们的党；我们反对资本主义，你们也许反对共产主义。但是，还是可以合作。"[2] 1989年邓小平在同美国前总统尼克松的谈话中也说："我知道你是反对共产主义的，而我是共产主义者。我们都是以自己的国家利益为最高准则来谈问题和处理问题的。"[3] 这说明，开展政党外交的目的是捍卫国家的主权和独立的，政党外交是国家总体外交的重要组成部分。针对美国国内一些反华政客的叫嚣，邓小平早在20世纪80年代初和美国参议院共和党副领袖史蒂文斯等人的谈话中就指出："认为中国政府信奉的意识形态旨在摧毁类似美国这样的政府。这样的观点至少不是八十年代的观点，也不是七十年代的观点，而是恢复了六十年代以前的观点。"[4]

再次，关于政党外交的对象。政党外交的对象是相当多元的，不仅有性质相同的马克思主义政党，而且有性质相异的西方资本主义国家的资产阶级政党，也有民族主义政党；不仅有执政党，而且有在野党。本着求同存异、互不强加于人的原则以及搁置分歧、互相尊重、谋求共同利益的精神，中国共产党不但和各

---

[1]　邓小平：《邓小平文选》（第二卷），北京：人民出版社，1994年版，第318页。
[2]　中共中央文献研究室编：《毛泽东文集》（第八卷），北京：人民出版社，1999年版，第370页。
[3]　邓小平：《邓小平文选》（第三卷），北京：人民出版社，1993年版，第330页。
[4]　邓小平：《邓小平文选》（第二卷），北京：人民出版社，1994年版，第378页。

种不同类型的共产党、工人党保持着友好关系，而且同许多意识形态不尽相同甚至是尖锐对立的新老社会党、社会民主党和工党也有着友好交往，同亚、非、拉广大发展中国家不同类型的民族主义性质的政党保持着非常密切的交往，甚至同西方发达国家的一些传统右翼政党也有友好往来。

但在跟不同党派进行交往时，其具体做法和侧重点不尽相同。对性质相同的政党，在"文革"结束后的一段时期内的主要任务就是恢复联系，加强往来，相互学习，但对原则问题要坚持自己的主张，该批评的批评，该赞成的赞成。"谁搞霸权主义，我们反对谁"，为维护世界和平和捍卫国际正义而对霸权主义的谴责与批评，不属于干涉别国内政。对此，邓小平指出："一个党和由它领导的国家的对外政策，如果是干涉别国内政、侵略、颠覆别的国家，那末，任何党都可以发表意见，进行指责。"[1]

对于意识形态不同的政党，除了极少数反人类、反社会的极端组织，邓小平也主张发展相互间的正常关系，保持接触，增加了解。这对于化解矛盾，通过和平的外交手段解决彼此间存在的分歧，维护相互间的和平友好关系，是有重要作用的。其中，对资本主义国家代表统治阶级利益的政党，则是保持联系，增进了解，开展对话，以推进国家间关系的发展；对民族主义政党，目的是加深友谊，促进合作，在涉及国家独立和主权的问题上互相支持。

在邓小平关于政党外交的频繁实践和大量论述中，对20世纪80年代前中期对社会主义国家之间的政党交往给予了特别多的关注。这不仅是因为在很长一个历史时期里，中国共产党只同性质相同的各国马列主义性质的政党保持往来，更重要的是在这种交

---

[1] 邓小平：《邓小平文选》（第二卷），北京：人民出版社，1994年版，第318—319页。

往中，留下了足够多甚至是极为沉痛的历史教训。

　　意大利共产党是意大利国内的重要政治力量，是欧洲的重要政治力量，也是国际共产主义运动、争取人类进步事业、争取国际和平和安全的重要力量。1980年4月，意大利共产党总书记贝林格率领意共代表团应邀来中国访问。邓小平在会见意共代表团时提出了发展两党关系的三点意见：一是过去的"一风吹"；二是实践证明过去我们有些问题看得不清楚，甚至有错误；三是我们双方统统向前看。[1] 在会见意大利记者时，邓小平又说：中国共产党对两党恢复交往感到高兴。中国共产党的目标是争取人类进步。在当前的国际形势下，中国共产党和意大利共产党一样，其共同的任务是争取世界的和平、安全和稳定。在这种情况下，中国共产党认为两党恢复往来有着重要意义。两党之间虽有不同点，但这不要紧，重要的是寻求更多的共同点。在回答对欧洲共产主义的看法时强调：这是一个在探索中的问题。我们处于亚洲，同欧洲相隔万里，了解不够。我们很有兴趣对新事物进行探索，事物总是要通过实践来检验的。[2] 这里实际上阐明了这样一个重要观点，即各国的革命道路从本质上只能由各国人民自己来探索。而这也正是发展党际关系所应坚持的基本准则。同年11月，邓小平在会见西班牙共产党领导人卡里略时指出，发展党的关系要坚持两条基本原则：第一条原则是，党与党之间的关系是兄弟关系，不是父子关系。第二条原则是，任何国家的事情只能由那个国家的马列主义者和共产主义者自己去判断，犯了错误也是他们自己去纠正，不要拿我们的观点、模式强加于人。过去我们党对第一条是清醒的，也是受害者。父子党关系，要控制人

―――――――――

〔1〕　中共中央文献研究室编：《邓小平思想年谱（一九七五——一九九七）》，北京：中央文献出版社，1998年版，第153页。

〔2〕　中共中央文献研究室编：《邓小平年谱（一九七五——一九九七）》（上），北京：中央文献出版社，2004年版，第621页。

家,我们是深有感受的。后来我们就强调,国家无论大小,党无论大小,应该一律平等。但对于第二条原则,应该说,我们觉悟得比较晚。现在回过头看,我们过去并不都是对的,错误也不少。[1] 这实际上是在做自我批评,从而也就为发展中西两党之间的友好关系扫清了障碍。

1982年10月,法国共产党总书记马歇应邀率领代表团来中国访问。邓小平在同马歇的谈话中指出:一个国家的革命和建设应当由这个国家的党自己处理,任何外国党对于别国的情况总是比较生疏的,总不如本国党和人民对自己的问题了解得那么清楚。即使犯了错误,也要靠本国党的同志自己去总结、去纠正,这才靠得住。外国党的同志说三道四、指手画脚,肯定要犯错误。[2]

这一时期,邓小平频繁会见应邀来访的兄弟党领导人,目的就在于向世人宣告,中国共产党已经调整了自己的内外政策。对内,坚持以经济建设为中心;对外,不再干涉兄弟党的内部事务,对历史上的纠葛讲清楚后就"一风吹",或者叫"结束过去",不再纠缠,不算旧账,而是要抱着"向前看"的姿态,按照独立自主、完全平等、相互尊重、互不干涉内部事务四项原则来发展新型党际关系,以服务并服从于改革开放和经济建设的大局。这些思想集中地表现在1989年5月邓小平同时任苏联共产党总书记戈尔巴乔夫的谈话中。

三、邓小平党际关系思想的重要意义

有学者指出:"党的对外联络工作是我国总体外交的一个重

---

[1] 中共中央文献研究室编:《邓小平年谱(一九七五——一九九七)》(上),北京:中央文献出版社,2004年版,第692页。

[2] 中共中央文献研究室编:《邓小平年谱(一九七五——一九九七)》(下),北京:中央文献出版社,2004年版,第863—864页。

要组成部分，同政府外交和民间外交起着相辅相成、互相促进的作用。通过同各国政党的联系，团结一切愿意同中国友好的力量，支持世界各国人民维护世界和平和争取社会进步事业，反对霸权主义和强权政治，为我国社会主义现代化建设争取一个较长时期的和平国际环境。"[1] "党的外事工作与民间外交有密切联系。充分发挥民间组织的作用，进一步活跃民间外交是我国对外工作的一个重要方面。我国的各类民间组织和群众团体都在对外交往中做了大量工作，积极活跃在国际舞台上。其中全国总工会、共青团中央、全国妇联分别做了许多外国工会领导人、青年接班人和妇女界有影响人士的工作。中国国际交流协会在各国政党、政界人士中开展了广泛的交往活动。中国人民争取和平与裁军协会对各国和平组织及人士等做了许多积极工作。这都为增进我国同各国人民的友谊和推动国家关系的发展起了积极作用。"[2]

邓小平关于不干涉他国党内部事务的思想，不仅为新时期开展党际交往工作提供了已被实践一再证明是正确的基本原则，更为重要的是，在这些原则指导下，一度极不正常的党际关系很快实现了正常化，并由此带动了国家关系的正常化。东欧剧变、苏联解体后，共产党尽管在这些国家相继失去了执政地位，但国家关系基本没有出现大的波动。

邓小平高度重视政党外交的开展，对促进国家间关系向更广和更深的维度发展、消除可能产生的误解有着不可替代的作用。许多外国政党通过与中国共产党的交往，加深了对中共在国家事务中领导地位和作用的认识，认为同中国的关系仅有政府间关系而无政党间关系是不完整的，把发展同中共的友好关系看作是发

---

[1] 吴兴唐:《政党外交和国际关系》，北京：当代世界出版社，2004年版，第27页。
[2] 同上书，第31页。

展同中国关系的重要步骤；认为执政党之间的友好交流是维护国家间政治关系稳定的重要基础，政党交往有着政府外交无法替代的作用，一些政府不便做或做不好的事，政党间做起来则十分方便有效。

不仅如此，邓小平关于政党外交的大量论述以及在其领导下所取得的政党外交的历史性成就，深化和丰富了新时期我国的整体外交工作，也是我国全方位外交工作的重要组成部分。邓小平以后的历代中共领导都高度重视政党外交工作的开展。1998年4月，江泽民在会见意大利左翼民主党全国书记马西莫·达莱马时明确指出："党际交往是中国总体外交的组成部分。"[1] 胡锦涛指出，党的对外工作是我们党的一条重要战线。习近平也一再强调，在开展政党外交中，一定要始终坚持党际关系四项原则。2017年年底，中国共产党发起组织了中国共产党与世界政党高层对话会，来自120多个国家的近300个政党和政治组织领导人参加，在促进政党交往、加强相互了解、推动中国与世界各国友好关系的发展方面起到了明显的作用。

邓小平关于不以意识形态划线的思想，为中共与世界各类政党发展友好关系开辟了极其广阔的道路，为在党际交往中最大限度地排除意识形态因素的障碍，维护国家根本利益，创造了有利的条件。在开展新时代中国全方位外交、推动构建人类命运共同体的过程中，认真学习、深刻领会邓小平关于政党外交的深邃思想，对于进一步开拓我国政党外交的新局面，丰富国家的总体外交工作，有着重要的现实意义和深远的历史意义。

---

[1] 李健：《天堑通途——中国共产党对外交往纪实》（下），北京：当代世界出版社，2001年版，第835页。

百年变局下中非党际交往的创新与发展

张　凯　《当代世界》杂志社编辑部主任

摘要：当今世界正处于百年未有之大变局，中国日益走近世界舞台的中央，成为影响变局的关键变量。随着中国与世界关系的变化，中国共产党对外交往的政策理论与合作实践也在作出相应的调整。中非党际交往作为中国共产党对外交往格局的重要组成部分，在新的形势下呈现出高频互动、普遍交往与重点交流并存的特征，中非政党交往的多边化与机制化趋势不断增强，方式方法也更加灵活多样。中非党际交往的范围广泛，具备丰富的人脉资源网络，对促进中非国家间关系发展、独立自主探索符合自身国情的发展道路、维护彼此核心利益等方面发挥着独特作用。百年变局下中国共产党与非洲国家政党深化交流合作，有助于进一步夯实中非关系发展的政治社会基础，推动构建更加紧密的中非命运共同体。

2021年是中国共产党成立100周年，中国共产党自成立伊始便启动了对外交往工作。新中国成立之初，中国共产党的对外交往呈现"一边倒"的态势，主要聚焦发展与苏联、东欧社会主义国家执政党及中国周边地区共产党的关系。以意识形态划线发展与马列主义政党的关系成为改革开放之前中国共产党对外交往的核心特征。改革开放之后，中国共产党的对外交往也在"解放思想"的大潮下发生了根本转变，一方面意识形态划线的指导方针逐步被独立自主、完全平等、互相尊重、互不干涉内部事务的四项原则所取代，另一方面交往对象的范围拓展到亚非拉民族主义政党、欧洲地区的社会党等。在此背景下，中国共产党与非洲国家的民族主义政党建立了正式联系。1978年5月7日，应中联部邀请，由中央委员、中央社会事务局局长艾哈迈德·马哈茂德·法拉赫率领的索马里革命社会主义党干部代表团访华，两党交往关系正式建立。[1] 索马里革命社会主义党成为首个与中国共产党建立正式党际关系的非洲国家民族主义政党。20世纪80年代末90年代初，受东欧剧变、苏联解体、非洲国家向多党制转变等因素影响，中非党际交往曾一度陷入低潮，但中非党际关系总体上经受住了考验，并在20世纪90年代下半期实现稳步发展。进入21世纪以来，在全球化浪潮的推动下，中非党际交往的范围得到进一步拓展，交往频率和机制化水平不断提升。特别是在百年未有之大变局下，中国共产党前所未有地走进世界政党舞台中央，非洲国家政党普遍"向东看"，希望加强与中国共产党的联系与合作，中非党际交往的理念原则、内容形式、渠道方式等都取得了一系列创新性发展。中非党际交往对促进中非关系深入发展、推动构建更加紧密的中非命运共同体所发挥的独特作用更

---

[1] 王家瑞主编：《中国共产党对外交往90年》，北京：当代世界出版社，2013年版，第143页。

加明显。

一、百年变局与中国共产党对外交往的新变化

习近平总书记多次指出，当今世界正处于百年未有之大变局。在国际格局大调整大变革的时代背景下，中国国家总体外交根据形势变化进行了根本创新，中国共产党的对外交往作为国家总体外交的重要组成部分，其政策理念与合作实践也呈现出了一系列新变化。

（一）百年未有之大变局的基本特征

从国际政治的视角来看，国际力量对比的深刻变化无疑构成百年未有之大变局的核心特征。长期以来，以美欧为代表的西方发达国家一直占据世界体系的中心位置，全球治理的制度体系与规范标准总体上也是按照西方发达国家的价值偏好与政策取向所塑造，广大发展中国家在其中缺乏话语权与代表性。随着新兴经济体的崛起，国际格局呈现多极化趋势，国际力量对比开始朝有利于发展中国家的方向发展。特别是近年来，美国深陷政治极化、民主衰退困境，欧洲遭遇债务危机、英国"脱欧"、难民危机、疫情危机等一系列冲击，以美欧为代表的西方世界在全球治理体系中的主导地位遭到弱化。

在 2020 年新冠肺炎疫情全球大流行背景下，世界格局加速演变，国际力量对比"东升西降"的趋势进一步凸显。根据国际货币基金组织 2021 年 4 月发布的研究数据，受新冠肺炎疫情影响，2020 年发达经济体经济收缩 4.7%，新兴市场和发展中经济体经济收缩 2.2%，中国成为世界主要经济体中唯一保持正增长的国家。2021 年和 2022 年，世界经济将实现恢复性发展，其中发达经济体经济将分别增长 5.1% 和 3.6%，新兴市场和发展中经济体

经济将分别增长6.7%和5.0%。[1] 显然，从经济增速的角度看，发达国家的经济实力相对有所下降，发展中国家的经济实力相对有所提升。与此同时，国际货币基金组织预测，2021年和2022年，美国经济将分别增长6.4%和3.5%，中国经济将分别增长8.4%和5.6%，世界前两大经济体间的实力差距将进一步缩小。英国智库"经济与商业研究中心"（CEBR）认为，鉴于中国和美国在新冠肺炎疫情中的复苏情况，预计在2028年中国将超越美国，成为世界最大经济体。

中美实力对比变化成为影响百年变局的关键因素。大国对国际格局的变化似乎更为敏感。在百年变局下，世界主要国家都在调整其对外政策，以适应形势发展变化。例如，近年来，美国重拾大国竞争战略，将俄罗斯、中国视为其主要安全挑战，在对俄罗斯继续实施制裁和孤立的同时，对中国强化了战略围堵与打压，特别是在贸易、科技、人权等领域屡屡给中国制造麻烦。在实力相对衰落的背景下，美国对盟国"搭便车"行为的容忍度明显下降，并希望盟国更紧密地配合美国的全球战略，以抑制中国日益增强的国际影响力。[2] 美国对外战略调整导致中美关系中竞争与对抗的成分明显增多，"新冷战""脱钩"等一度成为描述中美关系状态的"热词"。

除了国际力量对比变化与大国关系的调整外，百年变局下国际制度的治理效能出现明显衰退，而导致全球治理效能下降的关键原因是大国竞争的加剧。事实上，如果世界主要国家以竞争和对抗为主、缺乏有效的国际合作，那么便很难期待国际制度能够发挥高效的治理作用。特别是特朗普执政时期，美国退出了一些

---

[1] IMF, World Economic Outlook: Managing Divergent Recoveries, April 2021, https://www.imf.org/-/media/Files/Publications/WEO/2021/April/English/text.ashx.

[2] 周方银：《后疫情时代国际格局的新变化与新特征》，载《当代世界》，2021年第4期，第7页。

重要的国际组织与国际协定,这对传统的全球治理体系造成了冲击。新冠肺炎疫情全球大流行导致全球化进程进一步受挫,诸多国家在民族主义情绪裹挟下,纷纷将着力点放在具有保护主义色彩的政策上,对国际合作的兴趣大为下降。从长期的气候危机到突发的传染病危机,都充分暴露出当前的全球治理体系已无法有效应对全球性挑战,国际社会特别是大国迫切需要加强国际合作,对全球治理体系进行改革和完善,提高国际制度的治理效能。

(二) 中国共产党对外交往的新变化

面对世界百年未有之大变局,中国以更加积极的姿态参与国际事务,并提出"一带一路"倡议、新型国际关系、人类命运共同体等重大理念,推动建立金砖国家新开发银行、亚洲基础设施投资银行等一系列新型国际合作机构。与中国崛起相伴而生,中国共产党的国际影响力和号召力不断增强,中国特色社会主义的制度优势更加凸显。在此背景下,广大发展中国家"向东看"的潮流愈益明显,它们普遍希望了解作为世界最大发展中国家和社会主义国家的执政党——中国共产党带领中国实现崛起的密钥。许多国家的政党迫切渴望学习借鉴中国共产党治国理政和管党治党的思想理论和实践经验,高度期待中国共产党在国际舞台上发挥更大的引领作用。[1] 鉴此,在习近平外交思想的指引下,中国共产党的对外交往工作也在不断进行理论和实践创新。党的对外工作在服务党和国家中心工作中的地位更加突出、成效更加显著。[2]

在理论层面,中国共产党的对外交往工作在独立自主、完全

---

[1] 彭修彬:《新型政党关系:内涵与建设路径》,载《国际问题研究》,2018年第3期,第10页。

[2] 宋涛:《不断推进党的对外工作理论和实践创新》,载《人民日报》,2019年9月28日,第15版。

平等、互相尊重、互不干涉内部事务的四项原则基础上，逐步形成建设新型政党关系的新定位。2017年，习近平总书记在中国共产党与世界政党高层对话会上明确提出："不同国家的政党应该增进互信、加强沟通、密切协作，探索在新型国际关系的基础上建立求同存异、相互尊重、互学互鉴的新型政党关系，搭建多种形式、多种层次的国际政党交流合作网络，汇聚构建人类命运共同体的强大力量。"[1] 新型政党关系的核心理念是，承认多样性的存在，在平等原则的基础上尊重彼此的发展道路和发展模式，同时通过相互学习和借鉴彼此经验来提升治理能力和治理水平。从理论发展史的角度看，新型政党关系是对党际关系四项原则的继承和发展，是党的对外工作理论在新时代的创新性发展，对推动百年变局下政党关系健康发展具有重要指导意义。总体上看，建立新型政党关系进一步丰富了推动构建新型国际关系、推动构建人类命运共同体的基本方略，是习近平新时代中国特色社会主义思想的又一次与时俱进的理论创新。[2]

在实践层面，中国共产党对外交往的"朋友圈"不断扩大，并在机制建设方面实现了一系列新突破。一是在双边党际交往的基础上，建立中国共产党与世界政党高层对话会等多边平台，这为中国共产党从多边层面加强与世界政党的对话、沟通与政策协调提供了机制化的渠道，有助于世界政党在治理理念和重大国际问题等方面塑造共识。二是配合国家重大外交议程，推动开展政党间对话，着力服务国家总体外交。例如，2017年6月，在金砖国家领导人厦门会晤召开前，中共中央对外联络部主办了金砖国家政党、智库和民间社会组织论坛，这是金砖国家合作机制成立

---

[1]《习近平在中国共产党与世界政党高层对话会上的主旨讲话》，http://www.gov.cn/xinwen/2017-12/01/content_5243852.htm。

[2] 宋涛：《建立新型政党关系 建设更加美好世界》，载《当代世界》，2018年第1期，第1页。

以来首次举行政党、智库和民间社会组织的"三合一"对话。2018年5月,在上海合作组织青岛峰会召开前夕,中共中央对外联络部主办了上海合作组织政党论坛,这是上海合作组织成立以来召开的首届政党论坛,在上海合作组织发展史上具有里程碑意义。此后,金砖国家和上海合作组织框架下的多边政党对话活动得到了延续。三是围绕重大国际问题,通过党际渠道广泛凝聚共识,发出政党声音。例如,在新冠肺炎疫情全球大流行背景下,中国共产党同世界上100多个国家230多个政党于2020年4月2日发出共同呼吁,强调"各国应把人民生命安全和身体健康放在第一位,采取果断有力措施遏制疫情蔓延,秉持人类命运共同体意识,加强国际合作,相互支持和帮助,汇聚全球资源和力量,坚决打败病毒这一人类的共同敌人"[1]。四是创设"中国共产党的故事"专题宣介会、万寿论坛等多边机制,围绕治国理政经验等方面的议题开展坦诚对话与互学互鉴。这些多边机制的参与主体除了政党之外,还有智库、媒体、社会组织等方面的代表,因此具有广泛的代表性和灵活性,充分体现了政党外交、公共外交、民间外交"三位一体"的党际交往格局。

总之,在百年未有之大变局的时代背景下,中国共产党对外交往的理论基础与合作实践出现了一系列新变化,实现了诸多创新。特别是从百年发展史的角度看,中国共产党始终不断探索政党外交发展规律,深刻总结党际交往有益经验,进行自我革新、自我提高,实现理论升华。理论创新与实践创新的相互激荡,使得中国特色政党外交道路越来越宽、前景越来越光明。[2]

---

[1]《世界政党就加强抗疫国际合作发出共同呼吁》,http://cpc.people.com.cn/n1/2020/0403/c41942-31659953.html?ivk_sa=1023197a。
[2] 石晓虎:《新中国成立70年中国特色政党外交实践与理论创新》,载《当代世界》,2019年第7期,第7页。

二、中非党际交往的创新性发展

百年变局下,世界主要国家纷纷加大对非洲的战略投入,中非关系发展所面临的国际和地区环境正发生前所未有的变化。在国际格局多极化发展趋势下,非洲国家联合自强的意识不断增强,试图通过非盟、非洲大陆自贸区等一体化建设,提高在国际和地区事务中的自主性与影响力。面对国际力量对比"东升西降"的大势,非洲国家政党对中国共产党的治国理政经验表现出浓厚兴趣,普遍希望加强与中国共产党的联系,通过交流沟通与互学互鉴,不断探索符合自身国情的发展道路,提高发展的自主性和独立性。受国际和地区形势变化影响,中非党际交往呈现出一系列新的特点。与此同时,中非党际交往是中国共产党对外交往格局和国际政党交流合作网络的重要组成部分,自然深受中国共产党对外交往总体政策理论与合作实践的影响。在中国共产党对外交往政策实践调整变化的背景下,中非党际交往也取得了一系列创新性发展。

（一）中非政党高频互动、普遍交往与重点交流并存

自2009年《中非合作论坛-沙姆沙伊赫行动计划（2010至2012年）》首次提出中非要"进一步加强党际交往,扩大治国理政经验交流"以来,中非党际交往开始成为落实中非合作论坛后续行动计划相关规定的重要渠道。近年来,随着中非合作论坛机制化水平的不断提升与中非合作内容的持续拓展,论坛后续行动计划对中非党际交往的规定也越来越明确。2018年9月中非合作论坛北京峰会通过的《中非合作论坛-北京行动计划（2019—2021年）》明确指出,中非要"加大政党高层交往频率,深化政治互信,提升干部培训合作水平,深化双边和多边政治对话,

加强治国理政和发展经验交流"[1]。基于此,中非政党的交流频率出现了明显提升,特别是2016年以来中国共产党与非洲国家政党保持了高频交往态势,平均每年交往频率达到100余次(见图1)。2020年受新冠肺炎疫情影响,中非政党暂时中断了直接面对面的交往活动,但仍通过举办网络研修班、视频通话等方式保持着交往。

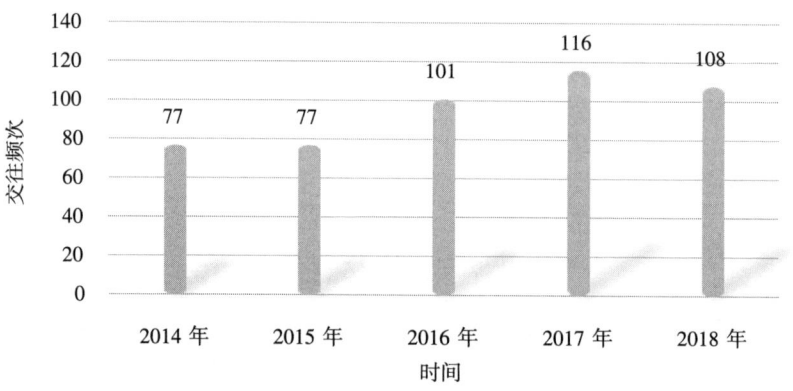

资料说明:中非党际交往频次统计范围主要包括中国共产党与非洲国家政党及友好人士的双多边交往活动,包括访问、函贺等情况。图表由笔者根据中共中央对外联络部组织编写、当代世界出版社出版的《中国共产党对外工作概况》(2015、2016、2017、2018、2019年版)收录的交往活动,统计绘制而成。

图1　2014—2018年中非党际交往活动频次

从党际交往的范围来看,通过统计数据分析可以发现,中国共产党与非洲国家政党总体上保持着普遍交往的态势,但与部分非洲国家的政党特别是执政党交流更加密切。以2014—2018年中非党际交往活动为例,在这5年间,中国共产党与45个非洲国

---

[1]《中非合作论坛-北京行动计划(2019—2021年)》,http://www.cidca.gov.cn/2018-09/07/c_129949203.htm。

家的政党保持着交往活动,其中与 14 个非洲国家的政党每年都有交往活动,与苏丹、南非、埃塞俄比亚、坦桑尼亚、摩洛哥、埃及、津巴布韦等国政党保持了比较密切的交往活动,平均每年交往次数为 3 次以上,特别是苏丹和南非两国的政党,平均每年的交往频率为 9 次以上。[1] 从交往内容来看,围绕国家治理相关主题所展开的经验探讨成为中非党际交往的核心议题。除了双方的直接互访之外,中非政党主要通过中非政党理论研讨会、中非青年领导人论坛等多边机制加强治国理政和发展经验的交流。

(二) 中非党际交往格局的立体化与多样化进一步提升

传统上,中国共产党对外交往的对象主要是政党和政党国际组织。随着全球化进程的推进,越来越多的行为主体参与到国际交往活动中,中国共产党对外交往对象的范围也持续扩大,目前囊括了政党、企业、社会组织、媒体、智库等诸多行为体。中非党际交往也顺应全球化潮流,将更多行为主体纳入其中,中非党际交往中的政党外交、公共外交、民间外交"三位一体"格局更加明显。

一是中非青年领导人的交往力度不断加大。在中非党际交往的各类群体中,青年对传承中非传统友谊、促进中非关系持续发展发挥着重要作用。正是认识到青年的重要性,中国共产党与纳米比亚人组党于 2011 年倡议创设了中非青年领导人论坛,打开了中非青年高层多边机制化交往的大门。截至 2021 年 11 月底,中非青年领导人论坛已举办 5 届。与此同时,针对非洲国家政党青年领导人的双多边交往活动也日益增多。例如,2018 年共有 3

---

[1] 笔者根据中共中央对外联络部组织编写、当代世界出版社出版的《中国共产党对外工作概况》(2015、2016、2017、2018、2019 年版) 收录的中非党际交往活动进行的统计。

期非洲国家政党青年领导人研修班来华访问交流。[1]

二是党际交往框架下的民间交流不断升温。经中国民间组织国际交流促进会（简称"中促会"）和肯尼亚非政府组织协调委员会共同倡议，以"发展伙伴关系，共促中非友好"为主题的首届中非民间论坛于 2011 年 8 月在肯尼亚首都内罗毕举行。此后，中非民间论坛不断完善并实现机制化，截至 2021 年 11 月底已举办 6 届。作为中国人民和非洲人民的重要桥梁，中非民间论坛对促进中非民间友好交流合作、增进中非人民的相互了解发挥着重要作用。

三是依托党际渠道加强与非洲国家智库、媒体的联系，塑造中国和中国共产党在非洲的良好公共形象。近年来，中国共产党每年都会邀请非洲国家的智库、媒体等领域代表访华，或者在中非政党多边交往活动中将智库、媒体等领域代表纳入其中，这一做法有助于扩大中非治国理政经验交流的范围和政党外交在社会层面的影响力。例如，2018 年 10 月，应中联部邀请，由埃塞俄比亚、南非、坦桑尼亚、尼日利亚、肯尼亚、纳米比亚、赞比亚 7 国专家组成的非洲国家智库学者考察团访华。同年，中联部以"精准扶贫与中非合作"为主题，举办万寿论坛，邀请非洲 12 国的 60 余位政党政要、智库学者就"各国减贫实践与经验""减贫实效与社会责任""中非减贫合作"等议题进行了广泛深入的交流。

以上实践表明，在政党外交的基础上积极开展民间外交和公共外交，可以大幅增加中非党际交往的宽度，而中非党际交往格局的立体化与行为主体的多样化则是全球化深化发展与中国共产党前所未有地走进世界政党舞台中央的一种必然要求。

---

[1]《中国共产党对外工作概况》编委会编：《中国共产党对外工作概况 2019》，北京：当代世界出版社，2020 年版，第 181—183 页。

(三) 中非党际交往渠道的多边化与机制化不断增强

进入 21 世纪第二个十年以来,中非政党在深化双边交往的基础上,进一步提升了多边交往的水平,机制化也持续增强。多边化的渠道成为中非党际交往的一大特征。具体来看,中非党际交往的多边化和机制化主要体现在以下几个方面。

一是中国共产党与非洲国家政党互派代表参加对方举办的多边政党会议。例如,2013 年 4 月和 10 月中国共产党派代表参加了在苏丹首都喀土穆召开的非洲政党理事会成立大会和在坦桑尼亚首都达累斯萨拉姆召开的南部非洲前民族解放运动第六次会议,同年非洲政党理事会代表团出席了在西安举办的亚洲政党国际会议专题会议。

二是非洲多国多党组团访华的频次显著增多。以 2018 年为例,中国共产党同非洲多国多党的交流就涵盖了非洲国家政党青年领导人研修班、南部非洲六党党校建设干部考察团、非洲国家政党干部考察团、非洲法语国家政党理论宣传干部考察团、非洲英语国家政党理论宣传干部考察团、马格里布政党干部考察团、北非国家政党干部考察团、非洲国家智库学者考察团等 10 多个多边的代表团。这与 10 年前相比,实现了大幅提升。以 2007 年为例,当年中国共产党与非洲国家政党的多边交往活动仅有 3 次。[1]

三是中非政党多边交往的机制化水平不断提高。自 2010 年以来,中非政党间建立了一系列多边交流平台,如中非青年领导人论坛、中非政党理论研讨会、中非民间论坛等,这些平台为中国共产党与非洲国家不同政党、不同领域的代表围绕共同关切的话题展开对话、凝聚共识提供了有效渠道。此外,中国共产党与世

---

[1]《中国共产党对外工作概况》编委会编:《中国共产党对外工作概况 2008》,北京:当代世界出版社,2008 年版,第 203—205 页。

界政党高层对话会机制化的首次尝试也将地点选择在了非洲，2018年7月以"中非政党探索符合国情发展道路的理论与实践"为主题的中国共产党与世界政党高层对话会非洲专题会在坦桑尼亚达累斯萨拉姆举行，非洲近40个国家约40个政党和政治组织的代表出席了此次会议。[1]

四是中国共产党与非洲国家政党围绕特定议题构建新的多边交往机制。如2020年12月21日，中国共产党同埃及12个主要政党及政治组织根据形势需要，共同建立中埃政党共建"一带一路"交流机制，并通过视频方式举行第一次会议。作为新的时代背景下建立的新机制，中埃政党共建"一带一路"交流机制旨在通过党际渠道为中埃两国"一带一路"合作出谋划策、凝聚共识，对推动中埃共建"一带一路"高质量发展、共建中埃命运共同体具有重要意义。

（四）中非党际交往的方式更加灵活多样

在多边化和机制化水平不断提升的同时，中非党际交往的方式也在根据形势的变化进行调整和创新，呈现出更加灵活、多样的特征。特别是受新冠肺炎疫情全球大流行影响，中非党际"云交往"成为新亮点。新冠肺炎疫情使线下交流受到阻碍，中非政党交往转到线上，召开了一系列网络研修班、网络研讨会、视频通话等活动。2020年，中国共产党与埃塞俄比亚繁荣党、安哥拉人民解放运动、布基纳法索争取进步人民运动、刚果劳动党、加蓬民主党、津巴布韦非洲民族联盟-爱国阵线、加纳新爱国党、利比里亚民主变革联盟、马拉维大会党、毛里塔尼亚争取共和联盟、莫桑比克解放阵线党、南非共产党、塞拉利昂人民党、塞内加尔争取共和联盟等10余个非洲国家的政党举办了干部网络研

---

［1］ 宦翔：《凝聚政党共识，构建中非命运共同体——中国共产党与世界政党高层对话会非洲专题会侧记》，载《人民日报》，2018年7月23日，第11版。

修班或研讨班。同年 11 月，中联部举办十九届五中全会精神对非洲专场通报会，撒哈拉以南非洲 36 个国家 43 个政党共 160 多位政党领导人及部分重要智库、媒体代表参会。[1] 显然，线上交流已成为特殊形势下中非党际交往的主要方式。展望后疫情时代，中非党际交往必然会逐步恢复线下活动，但线上方式作为一种创新之举也会得到保留，线下与线上交往活动相结合将成为一种常态。

三、党际交往在中非关系发展中的独特作用

党际交往是中非关系发展进程中的重要组成部分，在促进中非关系发展方面具有独特优势。政党是现代国家的基本政治组织，不仅是政府的组织者，同时也是民众利益的代言人。因此，中非党际交往既具有官方的一面，也具有非官方的一面，呈现出高度灵活的色彩。特别是在百年未有之大变局的时代背景下，中非党际交往的热度明显升温，在机制化、交往方式等方面实现了一系列创新。这些创新和突破使得党际交往在中非关系中发挥的独特作用更加明显。

首先，与政府外交相比，党际交往范围更加广泛、方式也更灵活多样，有助于促进中非国家间关系发展。有学者认为，在外交关系紧张或中止的情况下，可以通过党际渠道建立或保持联系。由于其广泛的全球网络和密切的外交互动，党际渠道可以在短期内接触到大量的外交政治精英。此外，通过党际渠道还可以

---

[1]《中联部举办十九届五中全会精神对非洲专场通报会》，http://www.idcpc.gov.cn/ztwy/hytl/sjjwzqhjsdwxj/wlztxjh/ztxj/202011/t20201119_140896.html。

接触到没有担任政府公职的有影响的政治人物以及未来的领导人。[1] 这一论断在中非党际交往实践中可以得到检验。事实上，中国共产党的交往对象非常多元，既有非洲国家的执政党和在野党，也有智库学者、媒体记者等社会人物；既有担任公职的政府官员，也有已经退休的政治人物。这种多元性可以确保党际交往形成广泛的政治社会网络，进而对官方的国家间关系形成广泛支撑。例如，在中国与南非正式建立外交关系之前，中国共产党便与非国大、南非共产党等南非政党存在密切联系，特别是中国共产党与南非共产党的高层交往对推动南非执政党非国大及南非政府选择与中国建立正式外交关系发挥了独特作用。

其次，党际交往作为中非开展治国理政交流的机制化渠道，有助于中国和非洲国家独立自主探索符合自身国情的发展道路，并在互学互鉴中增进对彼此的认知和理解。中国和非洲国家同为发展中国家，均面临着如何实现国家治理体系和治理能力现代化、如何促进经济实现可持续发展的艰巨任务。中非政党除了每年大量的双边互访外，还有中非青年领导人论坛、中非政党理论研讨会、中非民间论坛等多边机制，这些平台除了有政党代表参与外，还会邀请智库、媒体和社会组织的代表等，因此具有广泛的代表性，有助于在党的建设、减贫脱贫、环境保护、经济发展等诸多治国理政议题上借鉴彼此经验、凝聚广泛共识，从而形成更加科学的政府决策。中国共产党历经百年，带领中华民族迎来了从站起来、富起来到强起来的伟大飞跃，非洲国家政党对中国共产党的治国理政经验充满兴趣，并希望通过深入交流找到适合自身国情的发展道路。肯尼亚执政党朱比利党总书记图朱曾表

---

[1] Christine Hackenesch and Julia Bader, "The Struggle for Minds and Influence: The Chinese Communist Party's Global Outreach", *International Studies Quarterly*, Vol. 64, Issue 3, 2020, p. 728.

示,中国共产党是朱比利党的榜样。[1] 毫无疑问,作为交流治国理政经验的主渠道,党际交往对促进中国和非洲国家相互尊重彼此的发展道路发挥着关键作用。

再次,党际交往渠道可以促进中非双方在涉及彼此重大核心利益问题上给予相互支持。特别是近年来,围绕涉港、涉疆、涉藏、人权等问题,部分西方国家加大了对中国进行攻击抹黑的力度,毒化了中国所面对的舆论环境。在此背景下,诸多非洲国家政党通过党际渠道积极给中国以声援,明确反对西方的行径。例如,2020年8月,南非共产党第一副总书记马派拉表示,美国政府近期不断在南海、涉港、涉藏和台湾等问题上对华进行挑衅攻击,南非共产党及世界所有爱好和平的人民对此强烈反对。针对西方国家在新冠肺炎疫情问题上对中国的抹黑,南非共产党专门发表声明,表达对中国政府抗疫行动的认可和支持。[2]

最后,党际交往可以促进中国和非洲国家的人员联系,通过构建广泛的人际网络,夯实中非关系发展的政治基础与社会基础。2017年12月,习近平总书记在中国共产党与世界政党高层对话会上发表的主旨讲话指出,"未来5年,中国共产党将向世界各国政党提供1.5万名人员来华交流的机会"[3]。而这些交流机会主要集中在亚非拉等发展中国家。有学者指出,与西方相比,中国外交政策最为成功的比较优势之一是,其在发展与非洲和其他南方国家的关系时,聚焦于促进人与人之间的关系、投资

---

[1] "How the Party Trains Foreign Politicians", *The Economist*, December 12-18, 2020, p. 45.

[2] "Statement on the Outbreak of Corona Virus in China and the Country's Response", https://www.sacp.org.za/content/statement-outbreak-corona-virus-china-and-country%E2%80%99s-response.

[3] 《习近平在中国共产党与世界政党高层对话会上的主旨讲话》,http://www.gov.cn/xinwen/2017-12/01/content_5243852.htm.

人力资本开发。[1] 事实上,党际交往的落脚点便是广泛积累人脉。中非党际交往既是增进中非人民互信、推动人力资本开发的关键机制,同时也是中非关系相较于世界其他主要大国与非洲关系的独特之处。

总之,在国际格局大调整背景下,中非关系也在发生相应的变化。为适应新形势新变化,中国相继提出真实亲诚、构建中非命运共同体等对非合作理念,在新的原则理念指引下,中非关系由新型战略伙伴关系升级为全面战略合作伙伴关系,中非党际交往作为中非整体关系的重要组成部分,也在党际关系四项原则和新型政党关系理念指引下实现了跨越式发展,目前已形成多层次、立体化的格局。当今世界正经历百年未有之大变局,新冠肺炎疫情全球大流行使这个大变局加速演进。面对百年变局,中国提出推动构建人类命运共同体的行动方案,并以"一带一路"为平台深化国际合作。非洲国家积极践行非盟《2063年议程》,正式启动非洲大陆自贸区,寻求以联合自强提升在国际体系中的影响力。政党作为现代国家政治生活的基本组织,对国家发展道路、政府决策、舆论塑造发挥着关键作用。展望未来,中非党际交流需在聚焦治党治国经验分享基础上,围绕促进"一带一路"合作倡议同非盟《2063年议程》和非洲各国发展战略进行对接,塑造政党共识、推动政府出台务实合作举措,同时依托政党外交、民间外交和公共外交"三位一体"格局,塑造中非关系在对方社会层面的良好形象,为构建更加紧密的中非命运共同体夯实社会基础。

---

[1] Lina Benabdallah, "Power or Influence? Making Sense of China's Evolving Party-to-party Diplomacy in Africa", *African Studies Quarterly*, Vol. 19, Issues 3-4, 2020, p. 106.

世界共产党百年发展的历史分期与中国共产党的历史方位

轩传树 上海社会科学院中国马克思主义研究所副所长、研究员

摘要：100 年来，中国共产党的奋斗历程及其对外交往构成国际共产主义运动的一个重要组成部分和一道亮丽风景线。100 年来，国际共产主义运动大致经历了 3 个历史时期，中国共产党在其间的历史地位不断发生变化，党对外工作的重点和原则也在不断发生变化并在不同历史时期呈现出不同特色，但是其根本功能始终都是服务于当时党的中心工作。今天，中国特色社会主义进入新时代，世界处于百年未有之大变局，国际共产主义运动主体力量及其相互关系出现新变化新发展，中国共产党要在新的历史时期承担起新的历史使命，党对外工作的重点与方式就要在坚持党际关系四项原则的基础上作出新的调整。

在中国共产党成立 100 周年之际，研究好百年来党的对外交往成就、经验与启示，是一

件非常重要且有意义的事情，而将这一研究置于国际共产主义运动的历史长河之中，置于以共产党为主体的世界社会主义运动现状背景之下，也同样是非常重要且有价值的。为此，本文主要探讨两个问题：一是世界共产党百年发展的历史分期以及中国共产党在各历史时期的历史方位；二是当前国际共产主义运动发展的新态势、新阶段性特征以及中国共产党在其中的应有地位与作用。

一、历史分期

从国际运动史来看，包括中国共产党在内的各民族国家范围内的共产党，基本上都是在 20 世纪一二十年代建立，都是在十月革命胜利的鼓舞和感召下，在共产国际的直接帮助下成立的。所以，迄今它们的历史也基本上都走过了 100 年历程。在过去的 100 年中，世界各国共产党的发展历程呈现出相似的阶段性特征，而这些阶段在时间周期上又可以根据国际共产主义运动的重大事件以及中国在其中的历史方位大致划分为 3 个"30 年"。

第一个"30 年"，即从 20 世纪 20 年代到苏共二十大，可以概括为战争与革命背景下的高歌猛进时期。我们之所以说"高歌猛进"，首先表现在各国工人阶级在十月革命胜利的鼓舞下纷纷独立建党，共产党领导组织工人农民进行社会主义革命、夺取政权、建设政权。在第一次世界大战之后出现一大批无产阶级政权，尽管大多数都是短期性的存在；在第二次世界大战之后在欧亚大陆乃至拉美地区出现一大片社会主义国家，甚至在西方也有法共、意共这样的共产党参加联合政府。其次还表现在这些共产党在统一的国际组织的领导下，相互支援配合，掀起了包括各国无产阶级革命和殖民地半殖民地解放斗争在内的世界社会主义革命运动，尤其是一批社会主义国家的建立与团结合作，形成社会主义阵营，共同对抗国际资本主义，彻底改变了资本主义一统世界的历史。在这一阶段，中国共产党作为世界革命与社会主义阵营中的一个重要组成部分，跟随苏共、苏联这个中心；党的对外工作重点主要是正确处理好与苏共、苏联以及第三国际的关系；党的对外工作成效，既为我们党领导的新民主主义革命赢得了有力的外部支持，同时也提升了我们党及其领导的革命事业在国际上的形象和影响力，从而助推了"高歌猛进"的历史进程。

第二个"30年"，即苏共二十大到东欧剧变、苏联解体，可以概括为大分裂背景下的独立探索时期。这里的"独立探索"，首先表现在以中共领导的新中国为代表的社会主义国家对社会主义建设的探索，这种探索既是基于对斯大林模式经验教训的吸取，也是基于对所处时代和国际格局变迁的重新认识，更是基于对本国国情认识的深化和对初步建设经验的总结。其次还表现在非社会主义国家共产党对革命道路的探索，尤其是以意共、法共和西共为代表的西方发达国家共产党的探索，其探索成果便是"欧洲共产主义"，开始放弃暴力革命和无产阶级专政，而主张通过议会斗争实现向社会主义的和平过渡。在这一阶段，国际共运、世界社会主义运动的中心已经开始转移，开始向中国、中国共产党转移；党的对外工作重点是根据"两个阵营""三个世界"划分原则，一方面批判社会主义阵营内部的"修正主义"，另一方面支持第三世界、推动世界革命；政党外交与政府外交共同提升了党在国际舞台尤其是第三世界的影响力，但也在某种程度上助推了国内"左"的倾向。

第三个"30年"，即东欧剧变、苏联解体之后到今天（各国共产党迎来成立100周年），可以概括为低潮中的调整重组时期。这里的"调整重组"，首先表现为东欧剧变、苏联解体后仍然坚持继续沿用"共产党"这个称谓也继续坚持社会主义奋斗目标的共产党，无论是否执政，都在通过改革调整谋求生存发展和拓展活动空间，尤其是中国共产党，不仅站稳了脚跟，而且通过改革开放取得了巨大成就，彰显了社会主义制度的优越性。其次还表现在一些国家尤其是转型国家和西方发达国家的共产党不断分化、重组、重建，这些政党尽管坚持了下来，在国内外的活动也逐渐活跃起来，但总体上看，它们大多仍处于各个国家政治生活中的边缘地带。在这一阶段，中国共产党作为世界最大的执政党，已前所未有地走进世界政党舞台中央，中国特色社会主义为世界社会主义运动带来新活力；党的对外工作重点是坚持党际关系四项原则，不以意识形态划线，在处理好与包括各国共产党在内的传统左翼政党之间关系的同时，注重处理好同各国各类政党尤其是执政党的关系；党的对外工作服务并服从于政府外交，为改革开放创造有利的国际环境与和谐的国际氛围。

二、当前态势

当前，在各国共产党纷纷迎来成立 100 周年之际，世界社会主义和国际共产主义运动又有什么新变化、新特征？是不是意味着开始进入新阶段呢？对此，我们可以从国际共运的主体力量及其相互关系中一窥究竟。

首先，作为当今世界社会主义运动中最核心的主导力量，社会主义国家的共产党现在怎么样？

进入 21 世纪，尤其是 2008 年全球金融危机以来，一方面是西方发达资本主义国家由于深陷危机不能自拔而导致经济政治实力相对下降，另一方面是中国特色社会主义的快速发展，世界力量格局发生了有利于社会主义的变化。面对当前复杂多变的国际环境，5个社会主义国家的共产党，不再一味被动应对，而是主动出击，结合时代变迁和各自国情，继续推进实践探索和理论创新。

就实践创新而言，在改革开放中探索并形成了适合本国实际的社会主义发展道路，不管我们将之称为"改革""革新"还是"更新"；就理论创新而言，旗帜鲜明地提出以马克思主义及其本土化时代化的最新理论成果作为指导思想，我们有习近平新时代中国特色社会主义思想，越南有胡志明思想，老挝有凯山·丰威汉思想，古巴有何塞·马蒂思想，朝鲜有主体思想。基于理论创新和实践创新所取得的巨大成就，检验和彰显了社会主义制度的优越性，尤其是中国在这次全球抗击新冠肺炎疫情过程中的突出表现更是进一步彰显了社会主义制度的优越性。

其次，非社会主义国家的共产党现在怎么样？

进入21世纪，尤其是全球金融危机以来，在非社会主义国家坚守下来的共产党根据国内外形势新变化和自身实际情况，进行自我革新、调整和重组，"左冲""右突"，拓展活动空间，努力提升地位和影响力。

所谓"左冲"，是指在东欧剧变、苏联解体后曾经"右转"的非社会主义国家共产党在世界尤其是欧美国家政治极化的背景下，思想、理念和行动的重新激进化。当然，这种变化不是简单地从议会民主道路回归到暴力革命道路，而是具体体现在以下3个方面：一是在重大事件历史节点举行纪念活动，总结经验教训，重新强调革命道路；二是利用合法政党地位，召开代表大会，研判形势，重提列宁主义和民主集中制，其中最具代表性的就是曾经作为欧洲共产主义三大创始党之一的西班牙共产党；三是参与、支持甚至直接组织群众性社会运动，重新走向街头政治，为争取和捍卫广大劳动者的政治、经济和社会权利而斗争，这在某种程度上越来越成为近年来非社会主义国家尤其是西方国家共产党体现自我存在和影响的一种现实选择。

所谓"右突",是指非社会主义国家共产党选择议会民主道路,希望在资本主义既有的制度框架下通过选举彰显力量。近年来,非社会主义国家尤其是西方发达国家共产党有"向左转"的倾向,但这并不意味着他们放弃选举政治。相反,他们只是将这种"左转""回归"作为争取选民的筹码和手段,仍然将参加议会或总统选举、争取尽可能多的席位进而参政或执政作为体现存在、检验力量和彰显影响的最为重要的活动平台。所以"右突"的成效,一方面表现为比利时工人党、塞浦路斯劳动人民进步党、希腊共产党、葡萄牙共产党、西班牙共产党等在 2019 年欧洲议会选举中有所斩获,而这些政党又恰巧基本上都是倾向于"回归激进"、勇于斗争、善于斗争的政党。另一方面也在塞浦路斯劳动人民进步党和尼泊尔共产党(毛主义)两党 2008 年相继赢得选举上有所表现。尤其是尼泊尔共产党(毛主义),在经过长达 10 年的武装斗争推翻了尼泊尔君主制之后选择了解散军队、加入议会政治。现在由尼泊尔共产党(毛主义中心)和尼泊尔共产党(联合马列)合并而成立的尼泊尔共产党,已经成为尼泊尔强大的执政党。

可见,现在的发达国家共产党已不再囿于议会斗争而一味地放弃革命和民主集中制原则,而是出现"向左转"的迹象,变得激进;发展中国家共产党也不再像历史记忆中的那样只注重暴力革命而否定议会政治,也有"向右调"的情况,变得温和。这种双向调整意味着社会主义道路的多样与交织,意味着非社会主义国家共产党活动空间的扩展,进而也意味着世界社会主义运动的新发展。

最后,现在这些主体力量之间相互关系怎么样?

进入 21 世纪，尤其是金融危机以来，在国际金融垄断资本和极右势力的共同进攻面前，各国共产党在更加独立自主地探索适合本国国情和时代特征的社会主义道路的同时，合纵连横，通过双边、多边关系加强彼此之间的联系与合作，逐渐形成一种多层次、宽领域、网络化的新型联合形式。

一是国内层面的联合。非社会主义国家的共产党在各种选举活动中往往通过与其他在野党尤其是在野的左翼政党组成统一战线联合参加竞选。比如，日共近年来一直注重联合其他左翼政党，2016 年参议院选举之所以获得比较理想的成绩，在某种程度上就是得益于其在选举前联合社民党等组建的"在野党统一战线"。还有更为常见的是欧洲国家共产党、社会党与绿党共同结成竞选或执政的"红绿联盟"。如葡萄牙共产党就长期与葡萄牙绿党组成竞选联盟一起参加欧洲议会选举，并在最近一届 2019 年欧洲议会选举中取得 2 个议席的好成绩。

二是国际双边互动。这种关系突出地表现在两个方面：一是社会主义国家之间加强联系与合作。比如，近年来，中国、越南、老挝、朝鲜、古巴 5 国党和国家的领导人高层互访不断，加强党建、政治体系建设、融入国际等方面的理论和实践经验交流，政治、经贸、文化、教育合作成效显著。二是各国共产党在重大事件和问题上相互支持和声援。现在，发展党与党之间的双边关系，已经成为各国共产党进行国际联系、交流经验和相互支持的主要形式。

三是区域性乃至全球性的多边联合。比如，在欧洲就有 2013 年来自欧盟以及欧盟之外的 27 个欧洲国家的 29 个共产党和工人党在比利时布鲁塞尔成立的欧洲共产党和工人党"倡议"（IC-WP）。在全球层面，有 1998 年由希腊共产党发起的一年一度的"共产党和工人党国际会议"（IMCWP）。20 多年来，这个国际会议影响越来越大,不仅走出欧洲,先后在世界各大洲轮流召开,而且社会主义国家执政党在其中的参与度和参与规格也越来越高。我们党也从作为观察员到正式代表再到工作组成员,与其关系越来越密切,参与的规格也越来越高。2018年5月,我们党还在中国改革开放的前沿深圳组织召开了中国共产党与世界政党高层对话会专题会议,其中包括纪念马克思诞辰200周年专题研讨会、第二届中拉政党论坛等。

显然,这些多层次、宽领域、网络化的联合在一定程度上说明,世界社会主义运动已经逐渐由东欧剧变、苏联解体后的各主体力量孤立抗争走向一种新的团结合作,从而将分散的社会主义力量进一步整合起来。当然,这种团结合作仍然存在着一些不足和局限,比如,各国共产党尤其是非社会主义国家共产党在指导思想、政治主张、组织形式以及发展道路等方面还存在一些分歧;尤其是共产党和其他左翼政党之间往往还会存在相互竞争甚至对抗的现象,欧洲共产党和工人党"倡议"与欧洲左翼党之间的分裂就是例证。

三、国际共运新阶段与中国共产党新使命

当前世界共产党出现上述诸多方面新变化,呈现出一系列新特征。那么,以这些共产党为主体的国际共产主义运动、世界社会主义运动处在什么历史阶段?

有学者从世界社会主义500年发展历程的角度出发,认为世界社会主义运动已经进入"第三个历史阶段",也即"社会主义的第三次浪潮",或"社会主义3.0"。[1] 如果我们基于上述历

---

[1] 张文红:《德国左翼党认为中国是"社会主义3.0"最重要的诞生地》,载《红旗文稿》,2016年第16期,第34—35页。

史分期，也就是从世界共产党百年发展历程来看，是不是可以说当前已经开启新的历史时期？这一时期，是社会主义国家的示范引领作用上升期，是非社会主义国家共产党生存空间扩展期，是社会主义主体力量大联合重新塑造期。

在这一时期，以中共为代表的社会主义国家执政党在改革、开放中所取得的巨大成就，不仅生动地证明了社会主义的优越性和生命力、影响力、感召力，而且也极大地提振了世界社会主义运动的信心，并为其他国家共产党探索社会主义道路提供借鉴，从而为推动世界社会主义运动进入一个新的历史时期注入强大动力，尽管改革尚未取得最终成功，社会主义现代化尚未完全实现。

在这一时期，不管是在发达资本主义国家还是在发展中国家，各国共产党都在根据国内外形势和自身情况对指导思想、活动方式进行不同程度的调整，以努力拓展活动空间和提升影响力，尽管其活动空间仍然存在局限与不足。

在这一时期，世界范围内的各国共产党正在通过双边、多边互动，加强彼此之间的联系、交流与合作，努力构建一种基于国家、区域乃至全球的多层次党际交往模式，一种通过会议、论坛等多平台，涉及反霸、维和、促发展等多议题的纵横交错的"新的社会主义主体力量联盟"，尽管各国共产党尤其是非社会主义国家共产党在指导思想、政治主张、组织形式、发展道路以及合作方式等方面还存在一些分歧，尽管它们目前还很难就一些重大问题形成某种有效的、一致的战略策略和实际行动。

但是，不管怎么说，在这一时期，东欧剧变、苏联解体以来国际共产主义运动、世界社会主义运动30年的分化、重组、重建的时期已经大致结束，至少可以说为生存而调整的时期已经结束，开始进入为发展而调整的时期、两个主义之间互有攻防的时期。

在这一时期,作为当今世界最大的执政党,作为世界社会主义运动、国际共产主义运动的中流砥柱,我们党对外交往坚持党际关系四项原则,不扛旗、不当头,不向他国输出自己的社会制度和发展道路。但是,"不当头"不等于"不作为"。如何在不当头的同时又为人类社会和世界社会主义作出更大贡献?对此,我们需要保持战略定力,也需要承担起新的历史使命。

论政党政治的成功之要：坚持阶级性与人民性的彻底统一

庄文城　北京第二外国语学院马克思主义学院教授

摘要： 阶级的出现和人民群众创造历史同样不以人的意志为转移。政党作为代表一定阶级或利益群体的政治组织，解决好阶级性与人民性相统一的问题关系到政党的兴旺发达、国家的安定团结和人民的幸福生活。阶级产生以来的人类历史中，代表剥削阶级利益的统治集团的阶级性与人民性相统一具有局限性，无产阶级政党的阶级性和人民性相统一是实现人类解放的必然趋势。当前，西方共产党在"资强社弱"的总体形势下，虽然具有自身阶级性与人民性的内在统一，但在具体实现过程中仍存在许多困难、不足和挑战。而中国共产党不仅在理论上，而且在伟大斗争中切实解决了阶级性与人民性内在统一的重大实践课题。

2017年12月1日，习近平总书记在中国共产党与世界政党高层对话会上的主旨讲话，呼吁各国政党把握人类进步大势、顺应人民共同期待，共襄人类命运共同体的伟业。中共把马克思主义政党的阶级性与人民性和人类性有机统一起来，把为无产阶级谋解放、为中国人民谋幸福、为人类进步事业谋福祉有机统一起来，得到与会代表和世界各国政党的广泛认同。这既指出了当今政党应该树立的使命担当，也道出了当今政党政治的成功之道，说明了成功的政党不仅要在理论上，而且要在伟大斗争中切实解决阶级性与人民性内在统一的重大实践课题。

一、阶级的出现和人民群众创造历史同样不以人的意志为转移

从人类社会有文字记载以来，"至今一切社会的历史都是阶级斗争的历史"[1]。原始社会末期，随着生产力的发展，人们所生产的物质资料除了满足自身需要外还有剩余，出现了剩余产品。社会分工的发展和剩余产品的出现，使得部落氏族首领可以支配剩余产品，而逐步成为可以无偿占有大部分劳动者剩余产品的剥削阶级，大部分劳动者则因此沦为被剥削阶级。列宁指出："所谓阶级，就是这样一些集团，由于它们在一定社会经济结构中所处的地位不同，其中一个集团能够占有另一个集团的劳动。"[2] 阶级不是从来就有的，但是，它的产生、存在、发展又是必然的，不以人的意志为转移，它是人类社会发展到一定阶段必然出现的产物，与生产力的发展过程联系在一起。当然，它也将随着生产力的高度发展和全人类的解放而逐步走向消亡。

---

[1] 中共中央马克思恩格斯列宁斯大林著作编译局编：《马克思恩格斯选集》（第一卷），北京：人民出版社，2012年版，第400页。
[2] 中共中央马克思恩格斯列宁斯大林著作编译局编：《列宁选集》（第四卷），北京：人民出版社，2012年版，第11页。

与唯心史观认为的少数英雄人物创造历史不同，唯物史观在充分肯定英雄人物在历史发展中的重要贡献和作用的同时，从历史表象中，看到了英雄人物背后的广大人民群众是历史的创造者。马克思主义从现实的人出发，从而正确指出了劳动是人类的本质活动，现实的人本质上是一切社会关系的总和，每个人都处于一定社会历史发展阶段的社会关系之中，人们在社会关系中的地位不同，在社会历史发展中的作用也必然不同。其中对社会历史发展起推动作用的个人、群体或阶级属于人民群众的范畴，他们占人口的绝大多数。不同历史时期，人民群众所包含的阶级、阶层和集团不一样，比如，地主阶级在反抗奴隶主阶级、资产阶级在反抗地主阶级的时候，他们也曾经和广大人民群众一起推动了社会的变革和发展，曾经是人民群众的一员，但当他们成为统治阶级的时候，为了守护自身狭隘的既得利益，逐步走到了人民群众的对立面，因此人民群众中最稳定最重要的组成部分是从事物质资料生产的劳动者。人民群众是社会历史实践的主体力量，是人类社会历史的创造者，他们顺应生产力的发展要求，具有变革旧生产关系以适应生产力发展的愿望，他们的愿望和行动代表了人类社会的发展方向。毛泽东同志强调："人民，只有人民，才是创造世界历史的动力。"[1]

二、阶级性与人民性相统一是人类社会历史发展的必然要求

人类社会基本矛盾（生产力与生产关系、经济基础与上层建筑的矛盾运动及其规律）是人类社会发展的根本动力，归根到底是生产力的发展起决定性作用。当生产关系适应生产力的发展要

---

[1] 毛泽东：《毛泽东选集》（第三卷），北京：人民出版社，1991年版，第1031页。

求、上层建筑符合经济基础的基本状况时，就会推动人类社会不断向前发展，反之，则会阻碍人类社会的发展。随着人类认识世界和改造世界的不断深入，推动生产工具不断改进、科学技术不断发展，生产力发展水平随着时代的发展而不断提高。而每个人所能运用的生产力都是取决于人们所处的现实条件，运用前人已经取得的生产力发展水平来为自己服务，同时，为了更好满足人们生产生活的需要，人们在实践中不断改进生产技术，提高科学水平，促进生产力的进一步发展，说明了生产力的选择、运用和发展不仅与人的需要和主观能动性具有直接相关性，更重要的是，它必须在一定的客观条件下才能进行和实现，是不以人的意志为转移的，正如马克思所说："人们不能自由选择自己的生产力——这是他们的全部历史的基础，因为任何生产力都是一种既得的力量，是以往的活动的产物。"[1] 可以说，生产力的发展具有客观必然性。生产力的发展，必然要求生产实践中人与人之间的关系进行必要的调整，而生产力和生产关系的改变必然引起人类社会经济基础的变化，进而要求上层建筑进行必要的调整，才能适应经济基础的状况，促进生产力的发展，更好满足人们生产生活的需要。与人们不能自由选择生产力一样，人们也不能自由选择生产关系、经济基础和上层建筑，它们的变化发展是在顺应历史发展必然性的前提下，人们的主观能动性充分发挥作用的结果。

因此，生产关系和上层建筑根据时代发展进行必要的调整是具有客观必然性的，不以个别人的意志为转移。在有阶级压迫和阶级差别的社会，剥削阶级为了守护自身狭隘的既得利益，不愿意改变自己在上层建筑中的统治地位和生产关系中的剥削地位，

---

[1] 中共中央马克思恩格斯列宁斯大林著作编译局编：《马克思恩格斯选集》（第四卷），北京：人民出版社，2012年版，第408—409页。

阻碍生产力进一步发展，阻碍人类社会进步，满足不了广大人民群众需要。最终，必然以阶级斗争的形式来促进上层建筑和生产关系的变革，推动人类社会形态的更替或者迫使反动的统治阶级做出必要的让步，进行时代的变革或必要的调整以适应新的时代的发展，满足广大人民群众的需要。因此，马克思主义认为，阶级斗争是阶级社会发展的直接动力，阶级分析方法是认识阶级社会的根本方法。在阶级斗争中，"压迫者和被压迫者，始终处于相互对立的地位，进行不断的、有时隐蔽有时公开的斗争，而每一次斗争的结局都是整个社会受到革命改造或者斗争的各阶级同归于尽"[1]。哪个阶级能在斗争中引领社会历史发展的潮流，这取决于在阶级斗争中哪个阶级能够推动生产力的发展、能够适应时代的进步、能够符合广大人民群众的根本利益，而生产力的发展、时代的进步和人民群众的根本利益三者根本上是相一致的。因此，阶级斗争的结局根本上取决于阶级性和人民性之间的关系。

水能载舟也能覆舟。在阶级社会，阶级性与人民性是人类社会历史发展中客观存在的，当阶级性与人民性相一致的时候，就能够推动人类社会历史不断向前发展，促进和平稳定和发展，相反，如果阶级性与人民性相违背，则会阻碍人类社会历史的发展，从而引起人民的反抗和阶级斗争的爆发；当阶级斗争爆发的时候，与人民性相一致的阶级必定在阶级斗争中取得胜利，而与人民性相违背的阶级必定在阶级斗争中走向灭亡。因此，不管是在和平年代还是在革命战争年代，阶级性与人民性相统一始终是人类社会历史发展的必然要求。人民性是最根本的特性，阶级性要主动适应人民性。而"人民"的内涵在人类社会历史发展中不

---

[1] 中共中央马克思恩格斯列宁斯大林著作编译局编：《马克思恩格斯选集》（第一卷），北京：人民出版社，2012年版，第400页。

是固定不变的，而是不断地变化发展的，人民性也在不断地变化发展，这也必然要求阶级性不断变化发展才能适应人民性变化发展。在人类社会历史发展过程中，有些有自己私利和狭隘阶级利益的阶级，在人类社会历史发展中曾经属于人民的范畴，其阶级要求与人民的利益曾经相一致（特别是在反对共同敌人方面），但随着历史的发展，逐步走向了人民的对立面，其阶级要求与人民利益之间的矛盾逐渐暴露和尖锐化，成为人民的敌人，地主阶级和资产阶级就是如此，当他们作为一种新兴的阶级，处于上升时期的时候，他们也是属于"人民"的范畴，其阶级性与人民性是相一致的，但当他们成为统治阶级以后，因自身的私利和狭隘的阶级利益，必然走向人民的对立面，他们的阶级性与人民性相统一是有局限性的，是一种暂时的统一。

三、资产阶级政党的阶级性与人民性相统一的暂时性和历史局限性

当前，人们往往认为"阶级性"是马克思主义和社会主义所独有和宣扬的，这不是对马克思主义和社会主义的认可，在"阶级"概念被庸俗化的时候，反而是对马克思主义和社会主义的污蔑和攻击。新自由主义、社会民主主义、宪政民主等并不是超阶级、超党派的，也有鲜明的阶级倾向，它们是资产阶级思想家所宣扬的、代表资产阶级利益的、为资本主义制度辩护的学说，具有鲜明的阶级性。而且正是因为有了资产阶级的"阶级性"，才有了无产阶级的"阶级性"，才有了以无产阶级为"阶级性"特征的马克思主义理论和共产党。

那么，应该如何评价资产阶级政党的"阶级性"？今天，如果我们在强调无产阶级政党的阶级性与人民性相统一的同时，简

单地把资产阶级政党的阶级性与人民性对立起来,采取完全否定的态度,会虚无资本主义社会的发展史,抹杀人类社会过去所创造的财富和辉煌成就,这不是马克思主义的观点。马克思主义客观评价了资产阶级的"阶级性",认为当资产阶级还是一个革命阶级、新兴阶级的时候,它也是属于"人民"的范畴,也是新道路和新时代的开创者,其阶级性与人民性也是相统一的。马克思在《共产党宣言》中明确指出:"资产阶级在历史上曾经起过非常革命的作用……资产阶级在它的不到一百年的阶级统治中所创造的生产力,比过去一切世代创造的全部生产力还要多,还要大。"[1] 毛泽东也指出:"剥削阶级当着还能代表群众的时候,能够说出若干真理,如孔子、苏格拉底、资产阶级,这样看法才是历史的看法。王阳明也有一些真理。孔孟有一部分真理,全部否定是非历史的看法。"[2] 资产阶级至少在两个方面也希望其阶级性与人民性相统一:一是在反对封建贵族、封建专制制度、外来侵略和殖民问题上,资产阶级的要求也代表了社会发展的方向,也反映了群众的愿望和诉求,资产阶级的"阶级性"与"人民性"具有一致性;二是为维护资产阶级统治、确保获取更多的剩余价值,资产阶级至少会在其表现形式上力图使自己表现出人民性的一面,在不损害自身利益的基础上向人民群众做出一定的让步,完善公共基础设施建设、提高工人福利待遇、推动社会发展进步等等,从而使自己的政权得到广大人民群众的认同和拥护,力图使工人阶级心甘情愿为资产阶级创造财富服务。

但是,资产阶级政党的阶级性与人民性相统一是有条件的、暂时的,它们的统一是有局限性的。资产阶级在利用和争取广大

---

[1] 中共中央马克思恩格斯列宁斯大林著作编译局编:《马克思恩格斯文集》(第二卷),北京:人民出版社,2009年版,第33、36页。
[2] 中共中央文献研究室编:《毛泽东文集》(第三卷),北京:人民出版社,1996年版,第84页。

人民群众支持,战胜了封建贵族的统治,废除了封建等级制度和专制制度,扫除了资产阶级发展障碍的过程中取得巨大成就。但是,革命的资产阶级在夺取政权和生产资料支配权以后,为了固守其狭隘的阶级利益,丧失了进一步追求先进、革命和长远的品质,成了狭隘的既得利益者,逐步成为剥削工人的食利者阶级和依靠获取工人劳动带来的剩余价值享受生活的寄生虫,逐步走向堕落和腐朽。而广大劳动者特别是无产阶级虽然获得了必要的人身自由,但经济上没有生产资料的拥有权和支配权,只能依靠出卖自己的劳动力为资本家打工,通过赚取工资才能获取生活必须品,对广大无产阶级来讲,在失去一个旧世界的同时,并没有获得新世界,"从封建社会的灭亡中产生出来的现代资产阶级社会并没有消灭阶级对立。它只是用新的阶级、新的压迫条件、新的斗争形式代替了旧的"[1]。

更为严重的是,因为资本主义社会无法根本改变生产社会化和生产资料归资本家私人占有的基本矛盾,就无法克服周期性的经济危机。经济危机爆发的时候,资产阶级所想的不是为了如何保障广大人民群众的根本利益,而是为了使自己摆脱经济危机。而摆脱经济危机的办法,一是把危机转嫁给本国的人民群众,二是转嫁给落后国家的人民群众,三是把无产者无力购买的相对过剩的产品销毁掉,而这必将进一步加剧广大人民群众的困难处境,激化无产阶级和资产阶级的矛盾,资产阶级政党的阶级性与人民性的对立必然暴露和激化。可以说,随着资本主义的发展,资产阶级获取的剩余价值不是减少而是不断增加,而无产阶级的劳动所得与劳动付出的比例不是增加了而是减少了,工人工作的机会不是增加了而是面临的竞争更趋激烈了(工人失业的风险加

---

[1] 中共中央马克思恩格斯列宁斯大林著作编译局编:《马克思恩格斯文集》(第二卷),北京:人民出版社,2009年版,第32页。

大了),贫富差距不是缩小了而是扩大了,阶级矛盾不是缓和了而是加剧了。当生产力发展到资本主义生产关系不能容纳的时候,也是资产阶级政党的阶级性与人民性对立被新的更先进的无产阶级政党的阶级性与人民性相统一所代替,这也是马克思所说的:"资产阶级的灭亡和无产阶级的胜利是同样不可避免的。"[1]

四、马克思主义政党的阶级性与人民性相统一的内在逻辑

随着封建专制制度退出历史舞台,资本主义制度建立并发展,资产阶级和无产阶级的矛盾逐渐成了资本主义社会的主要矛盾,资产阶级政党追求私有制、剩余价值和资产阶级专政的阶级本性逐渐地脱离人民性,并走向人民性的对立面。历史的发展必然会在人民性与资产阶级政党的阶级性的对立中产生更先进、更革命、更彻底的政党,成为带领广大人民群众创造新的历史、开辟新的道路的先进力量,从而使阶级性与人民性相统一,推动人类社会历史进一步发展,这是人类社会发展的必然规律。而哪个阶级政党的阶级性才能承担起这样的使命和任务?广大人民群众在历史和实践中选择了无产阶级及其政党,这也是《共产党宣言》的核心思想的体现。无产阶级只有通过自己的努力消灭一切剥削、压迫、阶级差别和斗争,解放全人类,才能解放自己,可以说,无产阶级及其政党的阶级性与全人类的解放和广大人民群众的根本利益紧密联系在一起,其阶级性与人民性相统一是人类社会历史发展的必然归宿。

从表现形式上看,二者的统一主要表现在二者具有同根性、同魂性、同路性上。首先,无产阶级是广大人民群众的重要构成

---

[1] 中共中央马克思恩格斯列宁斯大林著作编译局编:《马克思恩格斯文集》(第二卷),北京:人民出版社,2009年版,第43页。

部分,具有同根性。人民群众的范畴很广,在人类社会历史发展中起到积极推动作用的阶级都属于人民的范畴,这一范畴也并非固定不变的,有些阶级在人类社会历史发展中曾经起过积极的、革命的作用,曾经是人民群众的一员,但后来走向了人民群众的对立面,比如地主阶级和资产阶级;有些阶级随着历史发展逐渐退出了历史舞台,比如奴隶阶级和奴隶主阶级;有些阶级随着人类社会历史发展而产生,是一种新兴的阶级,比如无产阶级。到了资本主义社会,人民的构成部分也很多,也包括"中间等级"的农民、手工业者、小商人等,但是随着资本主义工业而产生并逐渐发展壮大的无产阶级是其中最主要、最稳定的构成部分,这是资本主义发展必然产生的现象。其次,无产阶级和广大人民群众具有相一致的思想观念和道德诉求,具有同魂性。两者都希望消灭剥削、消灭压迫、消灭阶级差别和阶级斗争,实现事实平等和真正的社会公平,实现全人类的解放和每个人自由而全面的发展。从总体性上讲,二者都希望建立起"我为人人"的集体主义的道德观念,而不是从个体上讲的"人人为我"的个人主义的道德观念。再次,无产阶级和广大人民群众同呼吸、共命运,具有同路性。无产阶级的立场代表了广大人民群众的立场,是同呼吸、共命运的命运共同体,具有相同的出发点和落脚点,无产阶级及其政党离不开广大人民群众,只有依靠广大人民群众的力量才能消灭剥削、压迫和阶级,建立起社会主义和共产主义制度;广大人民群众只有在先进的无产阶级及其政党的带领下,才能实现全人类的解放,实现广大人民群众的利益诉求。毛泽东说:"我们共产党人[无产阶级先进政党]好比种子,人民好比土地。我们到了一个地方,就要同那里的人民结合起来,在人民中间生根、开花。"[1] 无产阶级和广大人民群众始终是心心相印、同甘

---

[1] 毛泽东:《毛泽东选集》(第四卷),北京:人民出版社,1991年版,第1162页。

共苦、团结奋斗的利益共同体和命运共同体。

从根本原因上看,二者的统一根源在于无产阶级及其政党的先进性、革命性和广泛性,这是无产阶级政党的阶级性与人民性能够代表人类社会发展前进的方向和必然归宿的根本原因。首先,无产阶级政党是最能理论联系实际的先进政党。实践上,无产阶级是从事物质资料生产活动的劳动者,处在社会实践的第一线,是改造世界最主要、最直接的实践者和开拓者。理论上,"旧社会内部的所有冲突在许多方面都促进了无产阶级的发展"[1],在共同反对资产阶级的敌人时,资产阶级把自己的教育因素(反对自身的武器)教给了无产阶级,在工业发展中也给无产阶级带来了大量的教育因素,使无产阶级成为有知识、有文化、最懂得纪律的劳动阶级,还有一小部分脱离统治阶级加入革命阶级的人,特别是理论家和思想家,在传播先进思想、组织和动员无产阶级方面发挥了重要的作用。因此,无产阶级具有理论联系实际,把理论与实践相结合的天然优势,是人民群众中最具有先进性的阶级。其次,无产阶级及其政党具有最彻底的革命性。"在当前同资产阶级对立的一切阶级中,只有无产阶级是真正革命的阶级"[2],他们没有任何生产资料,没有任何东西必须加以保护,他们只有废除全部现存的生产资料归资本家所有的占有方式,才能支配生产力及其生产资料,因此,他们的革命性是最彻底的,也正因为如此,无产阶级具有不满足于现状,坚定自己前进的根据和立足点,明确自己前进的方向,面向未来、永不停息、永不懈怠的品质,这与人类社会不断变化发展的规律具有天然的一致性。再次,无产阶级及其政党具有广泛的代表性。"过去的一切运动都是少数人的,或者为少数人谋利益的运动。

---

[1] 中共中央马克思恩格斯列宁斯大林著作编译局编:《马克思恩格斯文集》(第二卷),北京:人民出版社,2009年版,第41页。

[2] 同上。

无产阶级的运动是绝大多数人的,为绝大多数人谋利益的独立的运动。"[1] 由于无产阶级没有任何生产资料,处在社会的最底层,是最没有私心、最大公无私的阶级,他们最大的"私心"也是遵循人类社会发展的客观规律,首先解放全人类才能最终解放自己。因此,他们也是最尊重科学、最需要科学的阶级,因为科学的本性就是揭示和反映客观规律,科学越发展,社会就越进步,就越符合无产阶级的根本利益。正如恩格斯所说:"科学越是毫无顾忌和大公无私,它就越符合工人的利益和愿望。"[2]

五、解决好阶级性与人民性相统一是当前西方共产党面临的重大挑战

在西方国家,是通过革命手段还是议会斗争的手段推动世界社会主义运动的发展,这取决于时代背景与人民的觉悟程度,但不管通过什么方式手段,都需要人民的拥护和支持,需要解决好无产阶级政党的阶级性与人民性的内在统一问题。据相关统计,目前世界上的100多个国家有130多个仍保持"共产党"名称或坚持马克思主义性质的政党,但许多国外共产党仍处于受排斥甚至边缘化的阶段,阶级基础和社会基础薄弱,影响力弱小,派系斗争不断,多处于分散和自发状态,这些原因的产生是多方面的,但缺乏在实践斗争基础上实现无产阶级政党阶级性与人民性的内在统一应该是其关键性因素。

一是把阶级性凌驾于人民性之上。作为激进左翼的共产党组织本应获得深受危机之苦的广大中下层民众的支持,但实际并非

---

[1] 中共中央马克思恩格斯列宁斯大林著作编译局编:《马克思恩格斯文集》(第二卷),北京:人民出版社,2009年版,第42页。
[2] 中共中央马克思恩格斯列宁斯大林著作编译局编:《马克思恩格斯选集》(第四卷),北京:人民出版社,2012年版,第265页。

如此。国外一些社会主义政党,把马克思列宁主义的基本原理教条化,始终奉行"左"的行动纲领和革命策略,把无产阶级政党的阶级性凌驾于人民性之上,没能根据时代和实践的变化及本国国情确定自己有效的纲领和政策。比如1938年9月创建至今仍然存在的第四国际,又称世界社会主义革命党,近年来,因为苏联解体,所以力图证明自己的路线是正确的。它宣称世界各国建立社会主义的历史条件不仅已经成熟,"而且已经开始有些腐烂了",主张实行"不断革命"和"世界革命",建立"世界社会主义联邦"。第四国际虽然也宣称坚持马克思列宁主义为指导,坚持十月革命的道路,但是它脱离时代和各国的实际,试图把十月革命的做法照搬到世界各国,实际上违背了马克思列宁主义,违背了十月革命本身的普遍意义,是"左"的关门主义和宗派主义思潮的表现。其主张并没有得到大众的支持和拥护,在各国的影响力也不大,不仅没有迎来"世界革命"的潮流,推动国际共产主义运动的发展,反而有可能削弱世界社会主义运动的力量及其影响力。在总体上"资强社弱"的格局中,有些西方国家共产党的批判性和革命性主张也很强,但没能在实践中解决好阶级利益与人民利益、眼前利益与长远利益、局部利益与全局利益的内在统一,唤起广大人民群众的共识,改变西方长期以来对共产主义诋毁的局面,它们的理论政策难以为多数民众认可和接受,"在资本主义议会民主制框架下,赢得选民的能力不强,难以与主流政党抗衡"[1]。共产党等左翼政党提出的解决危机的办法难以成为本国政府的主流决策。

二是把阶级性混淆于人民性。我们反对在实践中将无产阶级的阶级性凌驾于人民性之上,强调无产阶级的阶级性和人民性相

---

[1] 姜辉:《21世纪世界社会主义的新特点》,北京:社科文献出版社,2016年版,第31页。

统一的同时，不能把两者简单地等同起来，混淆二者的边界，打着"全民"的旗号，否定无产阶级政党的阶级性。这会动摇甚至瓦解无产阶级政党的阶级基础和社会基础，把无产阶级政党改造成由各种阶级成分和思想联合起来的"全民党"，把人民民主专政的国家粉饰成"全民"国家。这种"全民党"与"全民国家"的主张正是苏共变质、苏联解体的深刻历史教训。东欧剧变、苏联解体后，世界社会主义运动进入低谷，在"意识形态终结"和"历史终结"的长期影响下，西方左翼和共产党也开始怀疑自己，放弃了自己阶级立场，丧失曾有的思想锋芒和勃勃生机。左翼的话语被自由民主的狂潮吞没，有的失语不言，有的主动走向否定自己的"超越左与右"的"第三条道路"，整体上被排挤和同化，丧失独立性，失去鲜明的身份和特征。[1] 这种"社会民主党化"的倾向，或重复不痛不痒的改良主义话语，或搬用、引入自由主义的概念和规则，效仿资产阶级政党装上了虚伪的面具，走"纯洁无暇"的道路，看起来很完美，实际上滑向了资产阶级一边，脱离了实际，离群众越来越远，无力面对资本主义社会的现实，无力改造资本主义社会，成为"有名少实"的左翼政党。以至于近年来，在资本主义金融危机的有利条件下，"长期理论匮乏与缺乏战略贮备的左翼难以引领、驾驭和对抗资本主义的洪流，显得心有余而力不足，而被实践的快速发展抛在了后头"[2]。

三是阶级性和人民性相统一不彻底。无产阶级政党需要人民的认可和拥护才能发挥其先进性，凝聚人民群众的智慧和力量，推动人类社会的进步发展；同样，人民群众需要无产阶级政党的引领才能成为自觉的人民，才能真正解放自己，实现自由而全面的发展。但是要实现二者的统一不是简单的理论批判和设计，更

---

[1] 姜辉：《21世纪世界社会主义的新特点》，北京：社科文献出版社，2016年版，第58页。

[2] 同上书，第59页。

需要在伟大的实践斗争中赋予二者相统一的生机和活力。因此要实现二者相统一应该具备两个条件：一是理论的彻底性，二是实践的坚定性。这也是当前西方共产党组织需要面对的两大挑战：一是批判有余而建设性不足的挑战。近年来，由于资本主义金融危机的爆发，西方左翼在理念和实践上有一定的"回归"和发展，特别是共产党组织能够运用左翼的批评理论和资源，揭露资本主义危机的实质、弊端及其危害，揭示问题和矛盾的根源，发挥了一定的"社会矫正"功能。但是在如何克服危机，解决实际经济社会问题方面，还难以提出适应实践发展需要、符合广大人民利益、切合实际社会状况的纲领、理论和政策，难以为长远发展提供有效的思想理论指导。二是实践斗争中能力不足、经验不够的挑战。只有在伟大的实践斗争中才能磨练出无产阶级政党的先进性品格，才能有坚定的立场和崇高的精神追求，才能与人民群众同呼吸、共命运，才能满足人民群众的诉求，保持同人民群众的血肉联系，才能得到人民群众的自觉认同和拥护，才能确立起无产阶级政党的权威和领导作用，才能锻造出无产阶级的杰出领导人，这也是无产阶级政党增强凝聚力、战斗力和吸引力的根本。虽然西方左翼政党有团结和联合的意愿，比如建立了"泛左翼联合阵线"和各种形式的论坛。但总的来看，当前西方共产党长期受到排斥和攻击，力量薄弱，缺乏进行实践斗争的有利条件，缺乏具有较大影响力和号召力的无产阶级的杰出领导人，而且内部各自为战、分化分裂还很严重，一些西方共产党之间冲突矛盾经常发生，这也削弱了西方共产党的整体力量。

"两个必然"重要论断对中国特色社会主义道路的启示

胡 伟 北京第二外国语学院思想教育研究院执行院长

摘要： "两个必然"是马克思恩格斯在《共产党宣言》中作出的科学预言，是中国特色社会主义道路自信的理论源头。正确认识"两个必然"的重要内涵与当代资本主义的新变化，对于坚定社会主义必然胜利的信心，坚持和完善新时代中国特色社会主义理论具有重要的意义。通过对马克思主义的立场、观点、方法在中国大地的创造性应用，中国共产党的实践经验推动了马克思主义理论的发展，对新时代坚持中国特色社会主义道路创造人民美好生活给予极大的启示。

新时代催生新使命，新使命要有新作为，重温《共产党宣言》，对于我们深刻把握和感悟马克思主义的真理力量，坚定马克思主义信仰，把《共产党宣言》蕴含的科学真理运用到新时代中国特色社会主义道路的探索实践中，具有重大的现实意义。在纪念马克思诞辰200周年大会上，习近平总书记强调，《共产党宣言》是"全部社会主义文献中传播最广和最具有国际性的著作，是从西伯利亚到加利福尼亚的千百万工人公认的共同纲领"[1]。讲话以"两个之最"强调了《共产党宣言》的极端重要性。《共产党宣言》是在当时工人阶级对他们所处的被资本主义严酷剥削压榨的尖锐矛盾和不合理社会现象丛生的历史条件下问世的。对于工人阶级来讲，《共产党宣言》的诞生是一面指引工人反抗资本家剥削以及对这种不合理的社会现象做出科学解释，并进一步探索如何改变这种地位和处境的途径和道路的旗帜，是无产阶级第一次全面、系统地向全世界公开宣示自己的目的、纲领和意图的纲领性文件，指出共产主义运动已成为不可抗拒的历史潮流，奠定了科学社会主义的理论之基，也标志着马克思主义的诞生。通过《共产党宣言》，无产阶级政党认清了革命斗争的方向和目的，开创了真正属于自己的历史和时代。《共产党宣言》是一部永恒洞见马克思主义政党执政规律、科学社会主义发展规律、人类社会发展规律的经典著作，迄今为止该著作已历经了170余年的历史考验。虽然篇幅不长，但其理论的深邃性、气势的恢弘性、语言的隽永性却是无与伦比的。在这部作品中，马克思提出了"两个必然"的重要论断：资产阶级的灭亡和无产阶级的胜利是同样不可避免的。该论述深刻地揭示了人类社会发展的一般规律，科学地阐明了资本主义被社会主义取代的历史必然性，从而宣告资本主义必然灭亡、社会主义必然胜利。回首《共产党宣言》发表以来资本主义与社会主义的发展史，我们至今仍被其包含的真知灼见所深深折服，它对中国特色社会主义道路的发展具有重要的时代指导意义。

---

[1]《习近平：在纪念马克思诞辰200周年大会上的讲话》，载《人民日报》，2018年5月5日，第2版。

一、中国特色社会主义道路自信的理论源头——"两个必然"

伟大的实践必须有伟大的理论做指导,马克思主义理论指导中国的革命、建设、改革,在新中国成立70周年的成绩单上,让我们更加自信于中国特色社会主义道路的正确性,而"两个必然"则是中国特色社会主义道路自信的理论源头。

马克思在《共产党宣言》中从唯物史观出发,通过对资本主义社会基本矛盾的剖析,对无产阶级与资产阶级产生、发展及其相互斗争过程的探索,深刻地揭示了资本主义的必然灭亡和社会主义的必然胜利是人类社会不可逆转的发展潮流。马克思和恩格斯在提出资本主义必然被社会主义取代论断的同时,也对该论断做了科学的理论论证。他们主要从资本主义基本矛盾的层面与资本主义社会矛盾运动的层面来解释资本主义灭亡与社会主义胜利的必然趋势。"两个必然"论断的提出,既不是简单出于对资本主义社会的痛恨,也不仅仅出于对共产主义的善意憧憬,而是基于对资本主义基本矛盾的深刻认识,是对特定历史条件下阶级斗争以及阶级社会面临诸多现实挑战的一般概括。

(一)资本主义基本矛盾决定了资本主义必然被社会主义所代替

社会化大生产和生产资料资本主义私人占有之间的矛盾,决定了资本主义私人占有制必然被社会主义公有制所取代。《共产党宣言》运用辩证唯物主义和历史唯物主义的方法论,从生产力与生产关系、经济基础与上层建筑的基本矛盾和资产阶级与无产阶级之间矛盾对立的阶级斗争的基本规律中得出了资本主义必然被社会主义取代的历史必然性。"两个必然"论断体现了人类社会基本矛盾运动的规律,阐明了资本主义社会的发展趋势。从资本主义经济规律来看,资本主义必然被社会主义所取代,根本上是由于大工业发展以及由此带来的生产力的社会化与生产资料的资本主义私人占有之间的矛盾到了不可调和的地步引起的一种客观必然。马克思在《共产党宣言》中指出,"社会所拥有的生产力已经不能再促进资产阶级文明和资产阶级所有制关系的发展;相反,生产力已经强大到这种关系所不能适应的地步,它已经受到这种关系的阻碍;而它一着手克服这种障碍,就使整个资产阶级社会陷入混乱,就使资产阶级所有制的存在受到威胁。资产阶级的关系已经太狭窄了,再容纳不了它本身所造成的财富了"[1]。马克思第一次从人类社会基本矛盾运动的角度阐明了生产关系作为生产力发展形式不再适应社会化大生产现实要求时产生的现实矛盾。当资本主义生产方式发展到大机器生产阶段后,社会化的生产程度不断提高,人类的社会物质生产达到了前所未有的高度,并逐渐实现了生产社会化、劳动社会化和商品社会化。由此,社会化的机器大生产便与生产资料的私人占有发生了矛盾,而这个矛盾则是生产力与生产关系在资本主义生产方式中对抗的体现。随着资本主义生产力的进一步发展,这种不可调和的矛盾也就愈加凸显。这种矛盾反映在生产形式上,表现为整个社会生产的无政府状态与个体生产的有组织性之间的对立,而这种对立常常与周期性的经济危机形影相随。这种矛盾体现在阶级关系上,则表现为无产阶级与资产阶级之间的对立,资产阶级占有生产资料,他们通过剥削将劳动力作为商品出卖的无产阶级那里获取剩余价值。《共产党宣言》第一次全面深刻地指出社会主义必然取代资本主义,就是因为传统的私人占有生产资料的所有

---

[1] 中共中央马克思恩格斯列宁斯大林著作编译局编:《马克思恩格斯选集》(第一卷),北京:人民出版社,1995年版,第275页。

制关系已经不能适应生产力的发展，它变成了生产力发展的桎梏，一方面是生产过程中贫困、压迫和剥削程度的积累，另一方面是财富和消费资料积压状况的积累，两方面的矛盾必然带来周期性的经济危机。因而，这种生产力的桎梏必须被摧毁。生产资料私人占有与社会化大生产之间的矛盾客观上要求资本主义私有制被社会主义公有制所取代，以减少私有制对社会生产力的破坏作用，这是生产力的社会性质要求的必然结果。

（二）资本主义生产力的高度发展为实现社会主义奠定了坚实的物质基础

在创造巨大物质财富的同时，资本主义生产方式"日益把大多数居民变为无产者，从而造成一种在死亡的威胁下不得不去完成这个变革的力量。这种生产方式日益迫使人们把大规模的社会化的生产资料变为国家财产，因此它本身就指明完成这个变革的道路。无产阶级将取得国家政权，并且首先把生产资料变为国家财产"[1]。此外，马克思还指出，资本主义内容的任何改良（如股份制等）都无法消除生产力的资本主义属性，也无法消除资本主义社会的根本矛盾。伴随着生产社会化、规模化，劳动过程也相应组织化、社会化。劳动社会化，不仅体现在工人们集中于同一场所进行劳动，关键的是，在劳动专业化的条件下，由于精细化分工模式不断发展演进，生产部门不断增多、联系更趋紧密，同一个生产部门、甚至跨部门的生产集中现象大量出现。生产社会化的集中发展，首先会在一个生产部门内达成垄断，而这些不同生产部门的垄断企业将最终联合成一个企业、实现更大规模的跨部门集中和垄断，最终达到整个国家的最高垄断水平。国家政权和垄断资本的结合，使国家得以对生产进行组织管理，这在提

---

[1] 中共中央马克思恩格斯列宁斯大林著作编译局编：《马克思恩格斯选集》（第三卷），北京：人民出版社，1995年版，第754页。

高生产社会化水平的同时，也进一步激化了生产社会化与资本主义私有制之间的矛盾，为建立社会主义社会准备了充分的客观条件。

（三）以国家所有制形式实现的社会主义公有制经济，是历史逻辑展开的必然结果

习近平总书记在纪念马克思诞辰200周年大会上的讲话中指出："马克思创建了唯物史观和剩余价值学说，揭示了人类社会发展的一般规律，揭示了资本主义运行的特殊规律，为人类指明了从必然王国向自由王国飞跃的途径，为人民指明了实现自由和解放的道路。"[1]回顾经典著作，马克思和恩格斯通过对资本主义私有制基本矛盾及其运动规律的揭批，发现未来社会的一项重要特征：生产资料通过"国有化"实现"社会化"。《共产党宣言》明确指出，共产主义就是"同传统的所有制关系实行最彻底的决裂"，"无产阶级将利用自己的政治统治，一步一步地夺取资产阶级的全部资本，把一切生产工具集中在国家即组织成为统治阶级的无产阶级手里，并且尽可能快地增加生产力的总量"[2]。之后，马克思在《1848年至1850年法兰西阶级斗争》中提出了一个无产阶级革命政党进行经济改造的公式："生产资料归社会所有。"[3]这一要求的实现，一方面能够使生产资料得以摆脱私人资本的规定与束缚，其社会性得以充分而自由地实现，为生产力的发展开辟出广阔的天地；另一方面，整个社会的性质也由此发生了根本的变化：从一个私有制基础上的旧社会，变为公有制为基础的新社会。

---

[1]《习近平：在纪念马克思诞辰200周年大会上的讲话》，载《人民日报》，2018年5月5日，第2版。

[2] 中共中央马克思恩格斯列宁斯大林著作编译局编：《马克思恩格斯选集》（第一卷），北京：人民出版社，1995年版，第293页。

[3] 中共中央马克思恩格斯列宁斯大林著作编译局编：《马克思恩格斯选集》（第四卷），北京：人民出版社，1995年版，第508页。

需要指出，这种变化，并不是一步到位的，而是表现为一种循序渐进的、历史的过程。正如恩格斯在致菲利普·范-派顿的信中批判无政府主义者时所述，国家是"无产阶级在取得胜利后遇到的唯一现成组织"，也是取得胜利后的无产阶级能够用来开展经济社会革命的"唯一机构"。因此，在无产阶级夺取政权之后，首先需要做的就是生产资料国有化，只有国有化完全实现，国家才具备寿终正寝的基础条件，生产资料才能"由社会直接占有"。

在现实的革命与社会主义国家建立过程中，有一些情况是和马克思、恩格斯当初的预计不完全一致的。正如《政治经济学批判》序言中"两个决不会"所强调的不同社会形态更替的长期性、复杂性和艰巨性。马克思和恩格斯所设想的革命应该首先发生在发达资本主义国家，发生在资本主义生产关系所能容纳的生产力全部发挥出来之后。而现实中的社会主义革命，则基本上都发生在生产力比较落后的发展中国家，发生在资本主义生产力正以一定速度和规模发展的时期和阶段。因此，无产阶级革命在经济社会发展相对落后的国家胜利后，生产资料国有化的结果，必然首先是以"国家所有制"形式实现的"全民所有制"，而无法直接转为"社会所有制"。这一是因为生产力水平相较当前资本主义所创造出来的生产力水平比较低，还无法从市场经济直接进入产品经济，资本主义生产关系所能容纳的生产力尚未全部发挥；二是由于民族国家短时间内还无法消亡，公有制还处于资本主义私有制的包围之中，还处在相对弱势的境地；三是国家所有的公有制经济本身的发展时间尚短、实践还不够丰富，尤其是在如何适应和驾驭市场经济的规律这一命题上，从必然王国走向自由王国，道路还很漫长。习近平总书记在纪念马克思诞辰200周年大会上阐述如何学习和把握马克思主义关于人类社会发展规律的思想时强调，我们要"深刻认识实现共产主义是由一个一个阶段性目标逐步达成的历史过程"[1]，我们从必然王国到自由王国的发展也是人类对自己创造社会历史形态的无限认识过程，是由一个一个阶段性目标组成的，而不是一步到位、一蹴而就的。

二、马克思主义理论的生长点——"中国特色社会主义道路"

2012年中共十八大报告明确指出："中国特色社会主义道路，就是在中国共产党领导下，立足基本国情，以经济建设为中心，坚持四项基本原则，坚持改革开放，解放和发展社会生产力，建设社会主义市场经济、社会主义民主政治、社会主义先进文化、社会主义和谐社会、社会主义生态文明，促进人的全面发展，逐步实现全体人民共同富裕，建设富强民主文明和谐的社会主义现代化国家。"中国特色社会主义道路就是以马克思主义立场、观点、方法在中国大地开启创造性应用，总结经验，成为马克思主义理论的生长点。

伟大的实践必须有伟大的理论做指导，马克思主义理论指导中国的革命、建设、改革，新中国成立70周年的成绩单让我们更加自信于中国特色社会主义道路的正确性，而"两个必然"则是其题中之义。"两个必然"是中国特色社会主义道路自信的理论源头。

《共产党宣言》发表以来，随着无产阶级力量的不断壮大，大工业生产也不断地发展。但是，当代的资本主义却并没有走向灭亡。相反，随着人们物质生活水平的日益提高，随着资本主义

---

[1]《习近平：在纪念马克思诞辰200周年大会上的讲话》，载《人民日报》，2018年5月5日，第2版。

社会内部改良措施的实施（如完善社会再分配、增加社会福利等等），社会各阶级之间的矛盾得到缓和，资本主义经济和社会继续发展。与此同时，社会主义运动却在世界范围内遭遇了重大的挫折。20世纪80年代末90年代初，东欧剧变、苏联解体给社会主义带来了巨大的冲击，只保留下中国、越南、朝鲜、古巴、老挝5个社会主义国家，除中国外，其余4国的综合国力与经济影响力甚微。这不禁使人们开始怀疑"两个必然"的真理性，怀疑腐朽的资本主义制度被先进的社会主义制度替代的可能性。而中国特色社会主义道路再一次提振了"两个必然"的影响力。

（一）"两个必然"在中国特色社会主义道路经济维度上的验证

在经济上，资本主义政府加强了对经济运行的宏观调控，国家由"守夜人"变成"调控者"，主要利用财政政策和货币政策来实现对经济的广泛干预，其调控职能得到增强。国家的宏观调控在一定程度上降低了资本主义生产的盲目性，有利于生产的稳定与发展，也缓和了社会矛盾。但是，这依然无法解决生产社会化同生产资料私人占有之间的矛盾。而在社会经济领域，个体生产的有组织性与整个社会生产的无政府状态，社会生产的无限扩大同人们支付能力相对缩小的矛盾实际上愈发突出。正是由于资本主义矛盾的不断发展，经济危机出现的频率不断增加，其破坏的强度、应对的效度及恢复的难度也在不断地增加。与此形成鲜明对照的是，新中国成立特别是改革开放以来，在中国共产党的正确、坚强领导下，我们顺应社会化大生产这个经济规律和主流趋势，牢牢抓住解放和发展生产力这个"牛鼻子"，创造性地坚持和发展中国特色社会主义市场经济体制，"在不到70年的时间内，我们党带领人民坚定不移解放和发展社会生产力，走完了西方几百年的发展历程,推动我国快速成为世界第二大经济体"〔1〕。在资本主义与社会主义力量对比进入到新的阶段、社会主义谋求振兴的历史时期,我们要更加勇于全面深化改革,自觉通过调整生产关系激发生产力的发展活力,促使社会主义迸发出较之资本主义更大的活力和优越性。

（二）"两个必然"在中国特色社会主义道路政治维度上的验证

随着资产阶级的民主不断扩大,公民权利的内涵和外延都得到了发展。然而,正如恩格斯所言,"只要有利益相互对立、相互冲突和社会地位不同的阶级存在,阶级之间的战争就不会熄灭"〔2〕。当前在资本主义社会内部资产阶级与无产阶级之间的矛盾依然是主要矛盾。资本主义所谓的政治,其实质也只是有钱人的权利游戏和有权人的金钱游戏。此外,经济基础决定上层建筑,经济上的附属地位无法改变无产阶级雇佣工人的命运,国家政权永远都是资产阶级利益的集中体现。与资产阶级是作为少数人在对多数人进行剥削的阶级特征相比,作为无产阶级利益的全权代表,马克思认为,共产党没有任何不同于无产阶级利益的利益,共产党始终代表整个运动的利益,代表绝大多数人民的利益。从这个意义上讲,共产主义运动最终是要废除代表少数人利益且将这种少数人的利益建立在对绝大多数人的剥削上面的私有制生产关系,因而共产党人的使命就是"始终同人民在一起,为人民利益而奋斗"〔3〕,这是共产党同别的政党在政治使命上相较最鲜明的特征。

---

〔1〕《习近平：在纪念马克思诞辰200周年大会上的讲话》,载《人民日报》,2018年5月5日,第2版。

〔2〕中共中央马克思恩格斯列宁斯大林著作编译局译：《马克思恩格斯全集》(第十一卷),北京：人民出版社,1995年版,第264页。

〔3〕《习近平：在纪念马克思诞辰200周年大会上的讲话》,新华社北京2018年5月4日电。

（三）在中国特色社会主义道路实践中科学认识"两个必然"

虽然资本主义通过一些改良政策推动了社会的发展，但是这种发展并不能从根本上解决资本主义社会的问题。正如马克思所言，资本主义社会的基本矛盾是生产的社会化同生产资料私人占有之间的矛盾，然而这种基本矛盾在资本主义框架内是无法解决的，当这个矛盾发展到无法调和的地步时，资本主义必然会被社会主义所取代。当前资本主义虽然采取了一些改良政策，但是这些政策都是建立在资本主义私有制基础之上的局部调整，并不能改变资本主义灭亡的必然趋势。马克思和恩格斯是在批判资本主义制度、参加领导工人运动实践的探索过程中，论证了社会主义的合理性，并提出了科学社会主义的理想。他们创立了唯物史观，发现了人类社会发展的历史规律，创立了剩余价值学说，发现了资本主义社会的秘密。基于这两大发现，社会主义从空想变为科学。科学社会主义为如何坚持和发展社会主义提供了基本原则，而每个国家选择的发展道路要根据各国的实际情况加以分析。如果不分析各国具体的矛盾和问题，不针对性地提出解决各国问题的办法，那就谈不上坚持各自的特色道路。需要指出的是，马克思和恩格斯的理论只是提供了一般的原则和方法，我们必须把一般与特殊、可能与现实、愿望与其实现形式加以明确区分，唯有如此，才能在面临"两个必然"出现的各种挑战问题时坚定地走中国特色社会主义的发展道路。

三、"两个必然"的当代启示与重大价值

在《共产党宣言》中，马克思用精辟的语言对资本主义社会的基本矛盾进行了分析，并指出资本主义最终必然会因无法克服这一矛盾而走向灭亡。东欧剧变、苏联解体后，世界的政治经济

格局仍在继续发展，政治多极化与经济全球化成为时代发展的重要特征。当前，随着改革开放的不断推进，改革进入攻坚期、深水区，中国进入了新发展阶段，各种新的问题、新的矛盾也随之出现。而"两个必然"的重要论断则为我们发展中国特色社会主义的伟大事业提供着重要的理论基础和价值指引。

第一，社会主义取代资本主义是一个长期的过程，必须在中国特色社会主义道路发展中实现。在人类历史上，任何的社会形态从产生到消失都经历了极为漫长的历史时期。马克思在《黑格尔法哲学批判》导言中说："历史是认真的，经过许多阶段才把陈旧的形态送进坟墓。"[1]因此，社会主义取代资本主义也不可能是一蹴而就的，其必然会经历一个较为漫长的历史时期。在马克思提出资本主义必然灭亡的论断时，资本主义尚处于自由竞争资本主义阶段，资本主义正处于上升期。随着生产力的不断发展，资本主义由自由竞争阶段发展到国家垄断阶段、国际垄断阶段，并逐渐在日益成熟中走向末路。从当前的情况来看，由于率先完成了工业和资本积累，在科学技术领域处于长期领先地位等原因，资本主义还有继续发展的空间，因此暂时还不会退出历史舞台。具体来讲，资本主义还具有容纳生产力继续发展的能力，尤其是在世界上一些欠发达国家和地区，资本主义对于提高生产力与人们的生活水平发挥了很大的作用。此外，资本主义试图通过对上层建筑的调整缓和矛盾，这虽然不能解决资本主义的基本矛盾，但却为延缓资本主义的衰亡起到关键作用。

第二，社会主义的胜利是一个艰巨而漫长的历史过程，必须坚定中国特色社会主义道路自信。马克思和恩格斯科学地揭示了人类社会发展的一般规律，指出人类社会最终走向共产主义的必

---

[1] 中共中央马克思恩格斯列宁斯大林著作编译局编：《马克思恩格斯选集》（第一卷），北京：人民出版社，1995年版，第5页。

然趋势。社会主义取代资本主义是通过社会革命来完成的，但是社会革命本身就是一个长期、曲折而又艰巨的历史过程。马克思在经典著作中以资本主义革命与社会主义革命相较，认为社会主义革命的胜利要比资本主义革命的胜利艰难得多。马克思最先设想的社会革命并不是一步就位的，而是要经历一系列的步骤，由一个一个的阶段性目标逐步达成的历史过程。按照马克思的设想，资本主义将首先在欧美国家取得胜利，在欧美社会主义国家取得胜利后，掌握政权的无产阶级再帮助落后国家的社会主义革命。应当说，马克思在一定程度上了预料到了社会主义革命实现的长期性与复杂性。然而，令马克思始料未及的是，在20世纪社会主义率先在东方落后国家取得了胜利，在经过一个社会主义高潮后，于20世纪80年代末90年代初落入低潮。一直到现在，世界社会主义发展仍处在由低潮期向高潮期的渐进阶段。惟其艰难，更显勇毅。我们要全面掌握、运用辩证唯物主义和历史唯物主义的世界观和方法论，深刻把握科学社会主义基本原则与中国特色社会主义具体特征的统一性，从科学社会主义基本原则的具体实现形式上探索中国特色社会主义道路的理论模式和实践路径。

第三，中国特色社会主义制度的巩固和完善是伴随马克思主义中国化发展的历史过程。习近平总书记在纪念马克思诞辰200周年大会上阐明对待科学的理论应当具有怎样的态度时强调："社会主义并没有定于一尊、一成不变的套路，只有把科学社会主义基本原则同本国具体实际、历史文化传统、时代要求紧密结合起来，在实践中不断探索总结，才能把蓝图变为美好现实。"[1]习近平总书记这一论断不仅深刻指出社会主义制度不是

---

[1]《习近平：在纪念马克思诞辰200周年大会上的讲话》，载《人民日报》，2018年5月5日，第2版。

教条，不能简单到大部头里找现成的结论，更警示我们要认识到社会主义制度的巩固和完善是一个艰巨而漫长的过程，在探索完善和发展社会主义制度的过程中始终要保持清醒的头脑、科学的态度和实事求是的精神。由于各种复杂的历史原因，社会主义制度率先在东方落后国家建立。但是，这些落后的社会主义国家自身并没有经过资本主义的发展阶段，社会生产力较为落后，人民的物质生活水平相对较低，这与西方发达资本主义国家物丰富饶产生了鲜明的对比，暂时还不能体现社会主义制度的优越性。因此，对于跨越"卡夫丁峡谷"而建立社会主义制度的国家来说，它们还需要经历一个学习先进资本主义积极成果的过程，利用资本主义的先进成果来发展社会主义。此外，落后国家在发展和巩固社会主义时，必须为了坚持和拓展社会主义的阵地与资本主义斗争。20世纪80年代末90年代初东欧剧变、苏联解体对世界社会主义的发展带来了巨大的冲击，但是"世界上赞成马克思主义的人会多起来的，因为马克思主义是科学。它运用历史唯物主义揭示了人类社会发展的规律"[1]。中国特色社会主义既坚持了科学社会主义的基本原则，又根据中国自己的国情和时代特点，赋予了其鲜明的中国特色。

综上所述，"两个必然"体现的是马克思和恩格斯对未来能否实现共产主义的信心，其中也必然体现着走社会主义道路的自信，今天中国的发展，更需要从"两个必然"论断的科学分析中坚定共产主义信仰，坚信中国特色社会主义道路。马克思和恩格斯在对人类社会发展规律进行精准分析后得出的关于科学社会主义思想的论断，揭示出社会主义必将取代资本主义的发展趋势和最终结果，是两种制度长期较量的过程，并非简单取代，并非一蹴而就；是曲折中的前进，在科学实践和逻辑合理的前提下正确

---

[1] 邓小平：《邓小平文选》（第三卷），北京：人民出版社，1993年版，第382页。

发展;是必然性、长期性和复杂性的统一。本文写作之时,新冠肺炎疫情仍在全球蔓延,全国上下众志成城,在习近平总书记的领导下,把党的政治优势、组织优势、密切联系群众优势转化为疫情防控的强大政治优势,发挥中国特色社会主义制度优势,让中国力量、中国精神迸发,彰显了中国特色社会主义道路之优势。

哈萨克斯坦政党政治的变化与发展趋势

田永祥　当代世界研究中心研究员

摘要： 哈萨克斯坦独立30年来，政党制度经过多轮改革，政党政治逐渐趋于成熟，政党在国内政治生活中的作用日益增大，对哈萨克斯坦国家稳定、社会发展和民族和睦发挥了重要作用。展望未来，哈萨克斯坦将进一步加强政党政治建设，"祖国之光"党独大的政党格局仍将延续，哈政党政治将进入新一轮活跃期。但哈政党发展仍面临诸多制约因素，主要是哈现有政治体制限制政党作用的发挥，政党活动受利益集团和部族影响较大，宗教极端势力对政党及世俗政权的渗透与威胁始终存在，哈政党格局及走势受域外大国博弈的影响等。随着哈萨克斯坦政治改革的进行，哈政党制度将进一步趋于完善。

1991年12月苏联解体后，哈萨克斯坦走上了独立发展道路。经过近30年的政治转型，哈萨克斯坦的政党政治逐渐趋于成熟，对国家稳定、社会发展和民族和睦发挥了重要作用。在对外交往方面，哈萨克斯坦主流政党均对华友好，重视发展与中国共产党的关系，促进了中哈两国睦邻友好关系的发展。展望未来，哈萨克斯坦将进一步加强政党政治建设，政党有望在哈政坛上发挥更大的作用。

一、哈萨克斯坦政党政治的发展历程

苏联解体后，随着哈萨克斯坦进行政治经济转轨，哈萨克斯坦政党政治也呈现出一个从混乱到有序并逐渐步入法治化轨道的发展历程。

混乱无序阶段：1991年独立后，哈开始实行多党制，由于无法律严格限制，在独立后的3年中，哈萨克斯坦国内在司法部登记注册取得合法地位的以及没有登记但实际上已经在活动的政党、运动和社会政治组织多达100余个。[1] 党员人数、政策主张、组织机构、行动方式千差万别；缺乏政治纲领，无明确入党条件，没有完备的基层组织，不具备现代政党的基本要素，许多都不是真正意义上的政党。政党政治的混乱与无序是哈萨克斯坦等独联体国家政治制度转轨的必经阶段，这主要是因为宪法规定的自由选举制度和多党政治为各类政党参与国家政治进程提供了内生动力，而关于政党的立法则滞后于形势的发展。

无序逐步走向有序阶段：1996年7月哈萨克斯坦颁布《政党法》，对政党的建立及活动进行了较为系统和明确的规定。2002年7月哈萨克斯坦对《政党法》进行了修改，规定哈萨克斯坦合法的政党组织其成员人数必须要达到5万人以上（原规定为3000

---

[1] 吴宏伟：《中亚国家政党体制的形成与发展》，载《俄罗斯东欧中亚研究》，2006年第4期，第27页。

人),并且在14个州及两个直辖市共16个行政区的每一个行政区成员人数不能少于700人。[1] 此后,哈政党发展逐渐走上法制化轨道,政党政治从无序逐步走向有序,在哈司法部登记注册的政党一般不超过20个。在独立后举行的第二届和第三届议会选举中,分别有三四个政党进入议会。

多党制确立阶段:2007年8月,哈举行独立以来的第四次议会选举,"祖国之光"党大获全胜,获得88%的选票,其他参选的政党得票率均因未超过7%而不能进入议会,"祖国之光"党包揽了哈议会全部98个议席。这种选举结果招致了西方国家的批评,也使哈的"民主形象"有所受损,给人的印象是哈的多党制名不符实。2009年2月,哈议会对《政党法》进行了修改,规定如果议会选举中只有一个政党得票率超过7%,那么得票率第二的政党无论得票率多少,也必须进入议会;议会席位按照两个政党的得票数量重新分配,并保证得票率第二的政党的席位不少于2人。[2] 2012年1月哈举行议会选举,有3个政党进入议会:"祖国之光"党获得83个席位,"光明道路"民主党获得8个席位,共产主义人民党获得7个席位。这次选举标志着哈议会多党制时代的到来,也奠定了哈萨克斯坦"祖国之光"党一党独大的政党格局。这一情况一直延续至2021年1月哈议会选举。

二、哈萨克斯坦政党现状

根据哈萨克斯坦公布的信息,2020年12月在哈司法部登记的政党有7个。除了这7个合法政党之外,哈萨克斯坦也存在一些体制外的反对派政党或政治组织,如"哈萨克斯坦民主选择"、

---

[1] 沙伊然:《哈萨克斯坦政党政治新动向》,载《中亚信息》,2002年第10期,第20页。
[2] 《哈萨克斯坦议会》,http://www.npc.gov.cn/npc/c15918/201105/f3147cf380a34662983962dc9b320aed.shtml。

哈萨克斯坦"民族命运"运动等。这些政党的基本情况如下：

（一）进入议会的 3 个政党

1. "祖国之光"党：原名"祖国"党，成立于 1999 年 3 月，2006 年 12 月改为"祖国之光"党，现有党员近 100 万人，是哈萨克斯坦最大的政党。该党成员囊括了哈社会各界精英，完全支持纳扎尔巴耶夫的政策。主张在社会伙伴关系与和谐等原则基础上建立自由开放的社会，加强国家社会职能；加强国家对经济的宏观调控能力；在对外关系方面，主张巩固和发展同俄罗斯、中亚邻国和中国等国家的睦邻友好关系。该党在 2016 年议会选举中获得 84 个席位，在 2021 年议会选举中获得 76 个席位，在哈萨克斯坦地方议会也拥有绝对多数席位。哈"首任总统""民族领袖"纳扎尔巴耶夫亲自出任该党主席。长期担任第一副主席的阿什姆巴耶夫 2020 年 5 月当选为哈议会上院议长。现任"祖国之光"党第一副主席为包尔詹·拜别克。

2. "光明道路"民主党：成立于 2002 年 4 月，现有党员约 25 万人。在 2012 年 1 月哈议会下院选举中，该党获得 7.43% 的选票进入议会，在议会拥有 8 个席位。2016 年议会选举中该党获得 7 个席位，在 2021 年议会选举中获得 12 个席位。该党是哈"建设性反对派"，宗旨是建设独立、繁荣、民主、自由、公正的哈萨克斯坦，是哈政治民主化运动的主要参与者和推动者。党主席为佩鲁阿舍夫。

3. 人民党：2004 年 4 月哈共产党分裂后成立，一直称"共产主义人民党"，2020 年 11 月改为"人民党"。现有党员 10 万余人，主要为工人、学生、知识分子、退休人员、企业家等。在 2012 年 1 月议会下院选举中获得 7.19% 选票，在议会拥有 7 个席位。2016 年议会选举中也获得 7 个席位。2020 年 11 月 11 日，为准备参加 2021 年 1 月议会选举，共产主义人民党召开第十五次代表大会，决定将共产主义人民党改名为"人民党"。该党自称为"建设性反对派"。十五大前，该党在意识形态上奉行共产主义、马克思列宁主义，主张维护普通民众的利益，建立公平正义的社会制度，建立强大的有中左翼政治力量参加的联合政府，自称是被剥削工人、失业者、退休人员、青年和其他渴望实现社会正义、自由公平和真正人民政权的先锋队。十五大对党纲和党章进行了修改，主张哈萨克斯坦要实行政治民主制度，党坚持意识形态多元化，但仍然强调要"坚持社会主义方向"，继续保持"左翼政党特色"。在2021年议会选举中该党获得10个席位。原党中央书记科努罗夫当选为党主席。

（二）没有进入议会的影响较大的合法政党

1. 哈萨克斯坦"农村"人民民主爱国党（简称"'农村'党"）：成立于2015年9月，由"农村"社会民主党和"爱国者"党合并而成，现有党员约30万人，主要为农业、农工领域的知识分子和工作人员。该党参加过2016年哈议会选举，得票率为2%，未进入议会。2019年，哈举行非例行总统选举，该党推出第一副主席拉希姆别科夫参选，获得约3%的选票，在7位总统候选人中位列第四。该党主要政策主张是维护农业以及与农业相关部门和人员的利益，提高普通民众的生活水平。该党支持托卡耶夫现政权。党主席是别克塔耶夫，1962年出生，长期在政界工作，是哈议会上院议员，曾是"祖国之光"党成员。

2. 哈萨克斯坦"公正"党：成立于2013年4月，由"公正"民主党和"精神"复兴党合并而成，现有党员约12万人，主要为中小企业家、农民和青年。该党参加过2016年哈议会选举，得票率为0.29%，未进入议会。该党自称是"务实的中右翼政党"，主张对哈社会进行大规模的现代化革新，维护社会的公平正义，大力改善营商环境，提高医疗和教育水平。该党支持托卡耶夫现政权。党主席是苏尔丹加利，1953年生，曾任阿拉木图市第一副市长，后主要从事商业活动，担任过建筑、运输、能源等领域大型公司的总经理。

3. 全国社会民主党：成立于2007年1月，原名称"国家社会民主党"，2009年10月与哈政坛上的反对党民主党合并后改为现名，现有党员约13万人，主要是一些对执政当局不满的政客、知识分子等。该党参加过2012年、2016年哈议会选举，均未能进入议会。该党是哈政坛上强硬的反对派政党，抨击纳扎尔巴耶夫的强权政治，主张进行"真正的民主选举"，建立政治现代化和民主化国家；经济上更多地实行私有化和自由化。由于该党参加2012年和2016年议会选举均未能进入议会，所以，该党虽然是合法政党并被哈中央选举委员会准许参加2021年1月的议会选举，但该党声称不愿做哈当局的选举"陪衬"，决定放弃参选资格，并呼吁哈民众抵制2021年1月议会选举。该党设两主席制，分别为图亚克拜和阿比罗夫。

（三）体制外的反对派

1. "哈萨克斯坦民主选择"：成立于2001年11月，2003年10月在哈司法部登记注册成为合法政党，一直是哈萨克斯坦执政当局的强硬反对派，接受境外势力资助和遥控。其成员主要是知识分子、对当局不满的社会精英和企业家等。该党反对纳扎尔巴耶夫专权，主张民主和自由化；经常搞街头政治，组织集会和游行示威等，不仅给当局带来重大隐患，而且扰乱社会秩序。2008年3月，哈法院宣布"哈萨克斯坦民主选择"为极端组织，禁止其在哈萨克斯坦境内的一切活动。但该党并未停止活动，仍然经常在哈挑起事端，向执政当局施压。"哈萨克斯坦民主选择"的现任领导人是阿布里亚佐夫。

2. 哈萨克斯坦"民族命运"运动（又译"国家命运"运

动）：成立于2009年，是一个组织松散的政治团体，自称是当局的"温和反对派"。2019年6月哈举行非例行总统选举中，"民族命运"运动推选阿米尔詹·卡萨诺夫为总统候选人，提出的竞选口号主要是：保障政治自由；保证国家认同；把国家"独立"落实到行动上；消除腐败；促进各个地区共同发展。卡萨诺夫的得票率为16%，在7位候选人中排名第二，成为一匹"黑马"。此后，卡萨诺夫一直试图借大选余威组建新的政党，以参加2021年1月的议会选举。但在当局打压下，卡萨诺夫的建党意图未能实现。卡萨诺夫一直是哈政坛上的反对派，2005年当选哈萨克斯坦反对党国家社会民主党第一副主席，2009年哈最大的两个反对党国家社会民主党和自由党合并后当选党的秘书长。之后，卡萨诺夫以"民族命运"运动为政治依托开展社会与政治活动。

总体上看，哈萨克斯坦目前的政党格局有两个特点：一是一党独大，"祖国之光"党占据绝对优势，执政党地位非常牢固。二是亲当局政党数量和作用占据绝对优势，体制外反对派难有作为。"祖国之光"党、"光明道路"民主党、"农村"党以及"公正"党，都不同程度地拥护或支持当局的治国理政方针；人民党属于"建设性反对派"，多年来与当局的合作大于分歧，此次又把党名中的"共产主义"去掉，亲当局的色彩更加浓厚；而全国社会民主党以及体制外的"哈萨克斯坦民主选择"等反对派势单力薄，难有大的作为。

三、哈萨克斯坦政党与2021年哈议会选举

此次议会选举于2021年1月10日举行。哈中央选举委员会批准"祖国之光"党、"光明道路"民主党、人民党、"农村"党、"公正"党、全国社会民主党这6个党有资格参选，但由于

全国社会民主党正式决定放弃参选，所以，实际上只有5个政党参选。哈议会下院共有107个议席，其中98人按照政党名单选出，获得7%以上选票的政党进入议会，另9人经哈萨克斯坦民族和睦大会推选。哈中央选举委员会公布的议会选举结果为："祖国之光"党获得71.09%的选票，"光明道路"民主党获得10.95%的选票，人民党获得9.1%的选票。[1] 上述三大党成功跨过7%的最低门槛进入议会，哈萨克斯坦的政党格局保持原状，未发生大的变化，哈政党制度逐步趋于稳定。

出现上述情况的主要原因是，一是"祖国之光"党力量强大，影响广泛，在议会和政府机构中、在中央和地区层面都占据强大优势，属于事实上的"执政党"，而"光明道路"民主党、人民党属于哈政坛上的"老党"，在国内亦有一定的影响力，这3个党进入议会顺理成章。二是这3个党基本属于亲当局政党，其政策主张只是在具体领域有差异，所代表的民众阶层利益有所不同，都不是靠哗众取宠或者标新立异去争取选票，都有自己所依托的选民和票仓。

但哈也有舆论认为，此次议会选举没有新政党进入议会，没有打破连续两届议会只有"祖国之光"党、"光明道路"民主党和人民党的局面，没给议会增添新的面孔，这就难以增加议会的活跃度，议会决策的广泛代表性也受到局限。此外，托卡耶夫接替纳扎尔巴耶夫担任哈总统后，一直主张加强政治生活民主化，更好地发挥议会的作用，提出要打造"强有力的总统、影响大的议会、负责任的政府"的权力运行框架。2020年10月21日托卡耶夫专门就此次议会选举发表了告国民书，呼吁全国选民以高度的公民责任感积极参与议会选举，强调此次选举与往届相比出现

---

[1]《哈萨克斯坦执政党"祖国之光"党赢得议会选举》，新华社努尔苏丹2021年1月12日电。

了一些新变化,"实施了一系列改革措施,旨在全面推动政党政治现代化,发展多党制并加强公民对国家政治生活的参与"。但没有更多的政党进入议会,使托卡耶夫扩大政治民主和政党参与的主张并没有得到体现,哈国内反对派持续批评哈当局"独断专行""打压反对派",认为哈政党制度仍需不断完善。

四、哈萨克斯坦政党发展趋势与面临的问题

(一)"祖国之光"党独大的政党格局仍将延续

一是"祖国之光"党已成立20余年,在纳扎尔巴耶夫的亲手打造下,目前是哈党员数量最多、综合实力最强的执政党,在议会下院拥有71%的议席。首任总统纳扎尔巴耶夫、现任总统托卡耶夫、议会上下两院议长、多数政府官员、地方绝大多数行政长官均出自该党。二是该党奉行"中间主义",在全国影响不断扩大,选民基础日益深厚,拥有其他政党无可企及的人力、行政和财务资源。三是2021年1月议会选举后进入议会的"光明道路"民主党、哈人民党两个政党所获席位较之前有所增加,共获22个席位,但"祖国之光"党仍将占据76席,在议会中拥有绝对优势。四是"光明道路"民主党、哈人民党与"祖国之光"党的合作与配合大于矛盾与分歧,不会在议会中联手对抗"祖国之光"党。特别需要指出的是,2020年,纳扎尔巴耶夫以党主席的身份多次召见"祖国之光"党领导人,在疫情仍在蔓延的情况下,亲自抓党建,旨在提升执政党的影响力。2021年1月议会选举后,纳扎尔巴耶夫仍然十分关心"祖国之光"党的建设和活动情况,这对巩固"祖国之光"党一党独大局面具有重要作用。

(二)哈政党政治发展可能会进入新一轮活跃期

2020年5月,哈议会修改了《议会委员会法》《政党法》

《选举法》等法律，并由总统签批实施。托卡耶夫明确表示，修改这些法律的主要目的是为各政治党派提供更多机会，加强政党在国家政治体系中的地位，扩大议会反对党的人事权和话语权，以促进民主发展。[1] 具体措施主要有四点：一是议会各常设委员会（议会有7个常设委员会）中至少有1个委员会的主席由反对党议员担任，至少有2个委员会的秘书由反对党议员担任；二是将保证各政党的领导人在议会全体会议、常设委员会会议等活动上均有发言权；三是每届议会期间，议会反对党将有权组织至少一次议会听证会；四是参加此次议会选举的各政党名单中，女性与青年占比不能低于30%，以促进相关群体的参政积极性；五是政党注册的党员人数门槛由4万人降至2万人，降幅高达50%。

应该说，这次政党政治领域的改革，可谓力度空前，措施具体，将对哈萨克斯坦的政党政治产生明显影响。一是将激发现有政党参政议政的积极性，特别是有利于反对党更好地发挥作用；二是激发建立新党的积极性；三是激发妇女和青年入党的积极性。事实已经证明了这种情况，哈司法部证实，修改后的《政党法》颁布后，到2020年年末，已有7个新党提交了登记注册材料，显示出哈政党政治出现日趋活跃的态势。

（三）哈政党发展仍面临诸多制约因素

第一，总统高度集权的政治体制限制政党作用的发挥。哈虽实行三权分立和多党制，但总统高度集权，处于政治核心和中枢地位。总统的政策主张对哈主要政党的活动具有"引领"作用，政党的功能主要是宣传贯彻总统的主张，自我独立性不强，政党制度的发展还处于较低水平。哈当局借此次议会选举之机进行了

---

[1]《总统呼吁哈萨克斯坦公民积极参与马吉利斯选举》，http://www.inform.kz/cn/article_a3708802。

新一轮政治改革，但只是对本国政治制度"细枝末叶"的修改，远非对政治体制的"根本性变革"。因此，目前哈政党总体上能发挥作用的空间仍旧相对有限。随着哈向"总统－议会制"政体过渡，哈政党的作用有望进一步提升。

第二，政党活动受利益集团和部族影响较大。利益集团对政党的影响在任何国家都存在，因为政党本身就是代表一定的利益集团和社会阶层的产物。哈独立以来，利益集团、大小寡头派系林立，社会不同阶层群体加速分化，社会地位和利益诉求的不同，客观上需要多样化的政党作为利益集团和社会阶层的代言人。如哈能源、工业、交通等主要企业的领导人都加入了"祖国之光"党，而"光明道路"民主党的骨干力量是科技和知识界人士，"农村"党主要代表农业和农工综合体集团的利益。此外，哈萨克斯坦部族势力依然强大，对政党的影响也不容忽视。

第三，宗教极端势力对政党及世俗政权的渗透与威胁始终存在。苏联解体后，中亚地区宗教影响不断扩大，外部伊斯兰势力强势渗入，是宗教极端分子生存的适宜地和恐怖活动的多发地。多年来，中亚国家极端宗教势力遭到执政当局的严厉打击，哈萨克斯坦、乌兹别克斯坦、塔吉克斯坦等均取缔过具有极端宗教色彩的政党和社会团体。一些宗教极端组织转入地下活动；一些宗教极端分子改头换面，加入一些世俗政党；世俗政党的成员也受宗教意识形态的影响。因此，宗教极端势力对哈政党及世俗政权的渗透与威胁始终存在。

第四，哈政党格局及走势受域外大国博弈的影响。多年来，美国、欧洲以及俄罗斯等域外大国不断加大对哈事务的介入力度，采取多种手段对哈施加影响，力图达到自身目的。其中美西方国家将推进中亚国家自由、民主、人权、法制等作为重要目标，在人力、物力、财力等方面资助哈政治反对派、非政府组织、亲西方媒体等；一些西方国家的政党还与哈反对党建立联系。而俄罗斯则支持亲当局的哈政党，俄罗斯"统一俄罗斯"党与"祖国之光"党的联系十分密切。俄罗斯与美西方国家在哈萨克斯坦博弈的走势，对哈政党活动和政党格局的变动也会产生很大影响。

五、哈萨克斯坦政党与中哈关系

1992年1月中国与哈萨克斯坦建交后，两国各领域合作不断深化。2002年12月签署中哈睦邻友好合作条约，2005年7月中哈建立战略伙伴关系，2011年双方宣布发展全面战略伙伴关系。在中哈关系发展过程中，中哈两国政党交往发挥了积极作用。

哈主要政党对华友好。哈萨克斯坦独立以来，政党政治不断发生变化，中国共产党奉行独立自主、完全平等、互相尊重、互不干涉内部事务的原则，与哈萨克斯坦主要政党一直保持良好关系，从20世纪90年代中期起就先后与"祖国之光"党、"光明道路"民主党、人民党等建立了联系。哈主要政党均奉行对华友好政策，赞赏中国的改革开放，赞赏中国特色的社会主义道路，在涉及中国的核心利益问题上支持中国。在中国重大政治节日、中共重要会议召开时，哈主要政党领导人经常发表文章或接受中国记者采访，态度友好，言论积极。2020年中国暴发新冠肺炎疫情后，哈主要政党均表示赞同中国的抗疫举措，相信中国一定能够战胜疫情。[1]

中哈党际交往较为频繁。哈独立后，中国共产党即与哈主要政党建立了联系，对促进中哈关系发展发挥了重要作用。随着中

---

[1] 宋涛主编：《世界与中国同在——外国政党政要声援中国抗击新冠肺炎疫情》，北京：当代世界出版社，2020年版，第177、221页。

哈关系的发展及哈政党情况的发展变化，中国共产党不断拓宽与哈政党的交往领域，创新交往形式。中国共产党与哈进入议会的"祖国之光"党、"光明道路"民主党、人民党经常互派代表团访问，哈主要政党领导人均率团访问过中国，交流治国理政经验，举办专题论坛等。中国共产党与哈"农村"党、"公正"党也有不同形式的接触，如中国共产党代表团访哈时，一般都与这些党的领导人会谈。

邀请哈政党干部代表团访华。近年来，中联部邀请世界上许多国家，特别是亚洲、非洲、拉美国家的政党干部代表团来华访问。其中邀请哈萨克斯坦政党干部代表团来华访问，是中国共产党对哈政党交往工作的重点，如目前哈政坛上的重要人物尼格马图林、佩鲁阿舍夫等，都率党的代表团来华访问过，与中国相关部门进行座谈，参观中国的企业、农村、社区等。此举对促进中国对哈交往，加深哈政党干部对中国的认知与了解，发挥了重要作用。

哈新一届议会政党仍将奉行对华友好政策。此次哈议会选举后，哈议会政党格局没有发生大的变化，"祖国之光"党仍将占据绝对优势，主导议会内外大政方针的制定。进入议会的其他两党也对华友好，总体上会配合"祖国之光"党的对华政策。所以，哈新一届议会政党仍将对华友好，为促进中哈关系发展发挥积极作用。

柬埔寨长期政治稳定与人民党执政方略

石晓虎　北京第二外国语学院政党政治与政党外交研究院执行院长、研究员

摘要：柬埔寨自1993年以来，连续举行6次大选，虽然经历了一些选举争议、选后短暂动荡及特定时期的朝野激烈博弈，但整体上保持了长期政治稳定。探究其源，洪森首相和人民党准确把握国内外形势，坚持政治原则性和政策灵活性相结合，以发展促稳定，不断改善外部环境，始终占据政治斗争的主动地位，进而保持社会和谐与稳定。展望未来，虽然柬埔寨面临的内外形势仍较为严峻，但人民党坚持发展第一、依法治国，努力引领国家发展方向，有望继续掌权并维持国家政治稳定。

柬埔寨作为东南亚小国，历史上命运多舛。在东欧剧变、苏联解体之后，柬埔寨政局发生重大变化，先是冲突各方在1991年签署和平协定，结束了大规模战乱，随后又于1993年联合国托管期间成功举行了1972年以来的首次多党

选举，恢复君主立宪制，推动柬埔寨转型为多党民主制国家，进入和平重建时期。同一些发展中国家的政治转型进程相似，柬埔寨也时常因选举争议引发朝野对立、对抗，进而严重影响政局，但是人民党总能化险为夷、转危为安，在关键事件上或重要时间节点作出正确决策，从而牢牢掌握政治主动权，确保国家政治稳定、经济发展，并不断提升人民党的执政合法性。

柬埔寨人民党能在政治博弈中始终成为胜利的一方并维护国家长期政治稳定绝非偶然。这既得益于洪森首相作为资深政治家的政治智慧与领导艺术，也有人民党战略战术运用得当的原因。本文拟通过梳理1993年以来柬埔寨人民党维护国家政治稳定的主要历程，探讨人民党始终占据执政优势及维持政治稳定的根源，进而研判柬埔寨未来政治稳定程度。

一、柬埔寨人民党维护国家政治稳定的主要历程

柬埔寨人民党1993年以来走过的政治历程非常不平凡，展示了人民党从逐步全面掌权到遭遇重大挑战以及重新恢复全面执政地位的全过程，体现了人民党的政治智慧和谋略。

（一）柬埔寨人民党逐步全面掌握政权时期

1993年首次大选后，柬埔寨奉辛比克党赢得柬制宪会议120个议席中的58个议席，人民党仅赢得51个议席，其他两个小党掌握其余11个席位。面对不利的选举结果，人民党一方面对选举结果提出质疑甚至不承认选举结果，另一方面则派人参与新宪法制定工作。奉辛比克党及其盟友未能获得制宪所需的三分之二多数，无法在缺乏人民党支持的情况下成立新政府或制定新宪法，只能寻求与人民党合作。由于担心选举争议危及政局稳定，西哈努克亲王积极开展政治调解，推动奉辛比克党和人民党达成

权力分享协议并拟组建联合政府，由奉辛比克党领导人拉那烈、人民党副主席洪森分别出任第一首相、第二首相，内阁各部门分设两位部长且权力平等。[1] 随后，人民党同意接受选举结果，推动新宪法的通过，恢复君主立宪制和成立联合政府。由于进入制宪会议的自由民主佛教党等也加入联合政府，分权协议得以顺利实施。但奉辛比克党缺乏专业人才，在实际权力掌握上明显不如人民党，因而不满较多，两党矛盾日益突出。1997年，人民党和奉辛比克党发生军事冲突，拉那烈第一首相失利并流亡海外。在奉辛比克党陷入颓势后，人民党着力解决经济社会问题，逐步扩大对行政、立法等部门的控制，维护国内稳定。

1998年柬埔寨国会选举前，人民党在掌握政治主导地位的情况下，积极向王室和国际社会示好，洪森首相亲自致函西哈努克国王和王后，请求赦免前第一首相拉那烈罪行。同时，柬埔寨主要在野党积极加强联合，谋求形成多数优势。人民党虽在第二届国会选举中赢得国会64个席位，但仅占据微弱优势，无法单独组阁。分别赢得43席和15席的奉辛比克党和森朗西党以选举舞弊为由，不承认选举结果、不参与组阁谈判，使得组阁一度陷入僵局。上述两党还借机制造社会混乱，影响社会安定。为化解国内政治危机，西哈努克国王再次进行政治调解。拉那烈同意在出任国会主席的前提下支持人民党组阁。作为交换，国会推动成立新的参议院并由人民党主席、原国会主席谢辛出任参议院主席。[2] 在新的联合政府中，人民党占据优势地位，奉辛比克党只能获得部分政府职位并扮演次要角色。

---

[1] David Ashley, "Between War and Peace: Cambodia 1991-1998", https://rc-services-assets.s3.eu-west-1.amazonaws.com/s3fs-public/Accord%2005_3Between%20war%20and%20peace_1998_ENG.pdf.

[2] Ben Paviour, "After 1998 Deadlock, Toothless Senate Carries On", https://english.cambodiadaily.com/editors-choice/after-1998-deadlock-toothless-senate-carries-on-131117/.

在 2003 年柬埔寨大选前，奉辛比克党深刻总结数年来与人民党相处经验，刻意拉开与人民党的距离，重塑自身政治个性。[1]在竞选策略上，奉辛比克党适度加大对人民党的攻击力度，以体现自身独特政治属性和作用，但效果不明显，未能赢得社会多数信任；森朗西党虽谋求建设性反对党角色，但不乏取代人民党执政的意图。经过艰苦努力，人民党赢得第三届国会选举并获得 73 个席位；奉辛比克仅获 26 席，力量显著下降；森朗西党席位则增至 24 个。由于人民党未能获得国会三分之二多数，无法单独组阁，只得寻求与其他两个进入国会政党中的一个联合组阁。但奉辛比克党和森朗西党不仅不承认选举结果，还组建民主联盟向人民党施压。森朗西党还自恃西方背景，极力破坏人民党与奉辛比克党的结盟，为人民党所忌惮。西哈努克国王再次调停选后政党争端，推动政治谈判。人民党基于对其他两个主要政党的判断以及奉辛比克党内部出现要求谈判的迹象，抓住时机与奉辛比克党逐步达成共识，包括扩大内阁成员数量；推动每个省级和区级政府副职人数由 3 个增加至 5 个，新增职位由人民党和奉辛比克党平均分配；政府作出若干改革承诺，如改革全国选举委员会及成立一个独立的机构来打击腐败；人民党和奉辛比克党成立联合工作组处理双方争议等。[2]由此，森朗西党再次被排除在政府之外，拉那烈和洪森分别出任国会主席和政府首相。2005 年，森朗西党领导人森朗西被剥夺议员豁免权并逃亡法国。2006 年，森朗西向洪森首相致信请求原谅并被接受，进而获得赦免。

在 2008 年柬埔寨国会选举中，人民党赢得国会 90 个席位，森朗西党获得 26 个席位并成为第二大党，奉辛比克党发生分裂

---

[1] 邢和平：《见证柬埔寨 2003 年大选（上）》，载《东南亚纵横》，2003 年第 12 期，第 45 页。

[2] Luke Reynolds and Yun Samean, "Ranariddh, Hun Sen Sign Coalition Deal", https://english.cambodiadaily.com/news/ranariddh-hun-sen-sign-coalition-deal-41670/.

仅获 2 个席位。在全面掌握政府、国会和参议院的情况下，人民党没有独占内阁全部职位，反而给予奉辛比克党 1 个副首相职位、4 个国务大臣职位和一些正副国务秘书职位，[1] 以继续拉拢该党，从而体现人民党对王室的尊重彰显其政治包容性。2012年，柬埔寨森朗西党和人权党合并为救国党并得到西方的大力支持。在 2013 年柬埔寨国会选举前，救国党党主席森朗西回国，大大提升了该党士气。

（二）柬埔寨人民党执政遭遇重大挑战时期

在 2013 年柬埔寨国会选举中，人民党由于存在轻视心态、投入不够，导致国会席位降至 68 个，救国党的席位则增至 55 个。大选后，救国党以选举舞弊为由不承认选举结果并持续煽动社会抗议、组织街头抗争。即便西哈莫尼国王介入调停，也难以弥合人民党和救国党的分歧。人民党坚决顶住内外压力，单方面举行第五届国会成立会议并选举相关领导人。同时坚持软硬结合策略，既强力平暴控制局势，又显示谈判意愿，使救国党在抗争无果的情况下不得不寻求妥协。2014 年 7 月，救国党在与人民党就国会内部机构设置、选举法修改及调整全国选举委员会地位等方面达成共识后，宣布结束抵制活动，并于 8 月允许 55 名党籍议员进入国会工作、救国党副主席金索卡出任国会第一副主席。但政治协议并不能掩盖人民党和救国党的政治分歧和矛盾，2015 年 10 月发生的救国党议员被殴事件进一步加剧人民党和救国党的紧张关系，当月人民党控制的国会以金索卡违反两党协议为由解除其国会第一副主席职位；同年 11 月，救国党主席森朗西为逃避可能的牢狱之灾流亡法国。2017 年 3 月，救国党副主席金索卡被选为救国党主席；同年 9 月，柬埔寨法院以涉嫌叛国将金索卡逮

---

[1] 武传兵：《从第四届全国大选看柬埔寨主要政党兴衰变化》，载《当代世界》，2008 年第 10 期，第 47 页。

捕入狱；11月，救国党被柬埔寨高等法院以勾结外部势力、密谋通过"颜色革命"推翻柬合法政府的罪名解散，该党118名高层官员被禁止参政5年、55名国会议员职位被褫夺并分配给其他参加2013年国会选举的政党。奉辛比克党由于配合人民党政府打击救国党，获得41个国会席位以及国会第一副主席职位，短暂提升了该党政治影响力。

(三) 柬埔寨人民党迎来新的全面执政期

虽然救国党被解散，但人民党依旧高度重视其影响，全力备战2018年国会选举，并阻止森朗西返国。从选举结果来看，人民党史无前例地赢得第六届国会全部123个席位。在选举前后，人民党政府均注意维稳，防止内外各种敌对势力制造事端，进而危及社会稳定。选后为显示其政治包容性、适当照顾其他政党利益，人民党积极推进政治改革，推动成立政府和不同政党之间的协商论坛——最高咨商和建议委员会，负责给政府政策提意见、评估法律草案并报告政府官员的不作为和违规行为。委员会由16个政党的30名代表组成，上述人员分别被授予国务大臣或大臣同等级别的职位。[1] 2019年8月28日，洪森首相在最高咨商和建议委员会成立一周年之际，与十多个政党的代表集体会谈并对委员会工作予以高度评价，委员会称过去12个月提交了涉及251个问题的90份报告，并要求政府出台专门法律惩罚违法官员。[2] 但是救国党前主席森朗西持续在海外流窜，不时攻击政府施政、煽动国内民众的反政府情绪，还游说西方国家对柬埔寨政府施压。救国党在国内的党员也化整为零，继续以隐蔽的方式开展零

---

[1] Mu Xuequan, "Cambodia forms supreme council for consultations, recommendations", https://english.cambodiadaily.com/news/cambodia-forms-supreme-council-for-consultations-recommendations-140114.

[2] Long Kimmarita, "Hun Sen Reviews Supreme Council's Year-Long Work", https://www.phnompenhpost.com/national-politics/hun-sen-reviews-supreme-councils-year-long-work.

星活动。对此，人民党政府一方面绝不允许森朗西返国，另一方面持续揭露森朗西违法和叛国的罪行，要求海外柬籍侨民与其保持距离，以削弱其筹款能力和海外影响。对拘禁3年多的救国党前主席金索卡，人民党政府根据国内政治情况拖延作出最终判决，同时努力分化金索卡与森朗西的关系。目前，人民党有效控局，继续深化经济和政治改革，防范外部势力的干涉图谋，并努力化解新冠肺炎疫情带来的全方位冲击。

二、柬埔寨人民党维护国家政治稳定的执政方略

柬埔寨人民党自国家政治转型之后，不断探索如何始终掌握政权、巩固政权之道，并善于根据形势变化持续调整内外策略，以提升政治竞争力和维护国家稳定能力。

第一，坚持政治原则性与政策灵活性并举。从20世纪80年代开始，人民党就开始在柬埔寨执政，积累了丰富政治经验。在柬埔寨改行多党民主制后，人民党努力适应新的政治游戏规则，全力争夺和稳固执政权，并以此带动维护国家稳定。洪森首相表示，"我们从过去几十年战争破坏性经历中得到的启示就是，柬埔寨必须不惜代价维护和平与社会稳定"[1]。为此，人民党一方面坚持国家责任、不言放权；另一方面提出并坚持"双赢"理念，愿意与一切合法在野党和政治力量进行合作。为争取王室支持，坚持君主立宪制，尊崇国王，逐步推动国王地位虚化为仅具象征意义，但给予应有的礼遇。对具有王室背景的奉辛比克党又打又拉，既防止其做大，也给予一定照顾。对国内具有一定影响但无海外背景的在野党区别对待，大多予以扶持或加以演变，促

---

[1] "Cambodia Has to Maintain Peace and Social Stability at Any Cost: PM Hun Sen", http://en.freshnewsasia.com/index.phplen/localnews/14535-2019-07-04-11-42-49.html.

其倒向人民党政府或成为不公开的盟友。对红色高棉残余势力也打拉结合，在削弱其实力的基础上对其网开一面，从而彻底解决相关问题。对有西方背景的反对党，以打压为主，防止其形成尾大不掉之势。在这个方面，人民党政府坚持以法律为准绳，以增强行动的合法性，如1997年通过《政党法》并不断加以修订。

第二，以发展经济夯实执政和维稳基础。人民党政府将发展经济作为主要工作，着力营造良好的投资环境，吸引国际投资和外国游客，实现经济伙伴多样化，以巩固经济安全。柬埔寨政府于2004年提出以优化行政管理为核心，加快农业发展、加强基础设施建设、吸引更多投资和开发人才资源的"四角战略"。2013年，柬埔寨政府出台《2014年至2018年国家战略发展计划》，启动"四角战略"第三阶段建设。2015年，柬埔寨政府发布《2015年至2025年工业发展计划》，大力推进柬工业发展，谋求实现经济多元化以及可持续发展、包容性高增长。2019年，柬埔寨政府出台《2019年至2023年国家战略发展计划》，谋求不断提升国家经济实力，并实现到2030年进入中等偏高收入国家行列，到2050年成为高等收入国家。过去20年里，柬埔寨GDP保持年均7.7%的增长率。[1] 人均GDP从1993年的254美元增至2019年的1643美元。[2] 失业率自1999年到2019年均未超过2%，最高为1.3%、最低为0.39%。[3] 贫困率不断下降，已降至10%以下，超过联合国千年发展目标。洪森首相在2020年年初也表示争取当年实现国家脱离最不发达国家行列。正是由于经济稳健发展，柬埔寨人民党政府才有能力持续维护国家社会政治

---

[1] 赵益普、林芮：《柬埔寨力促经济持续增长》，载《人民日报》，2019年5月24日，第16版。

[2] "GDP Per Capita (Current US $) World Bank National Accounts Data, and OECD National Accounts Data Files", https://data.worldbank.org/indicator/NY.GDP.PCAP.CD.

[3] H. Plecher, "Cambodia: Unemployment rate from 1999 to 2020", https://www.statista.com/statistics/808277/unemployment-rate-in-cambodia/.

稳定。

第三，以发展民生事业巩固社会支持。洪森首相高度关注社会民生，表示"关注和了解国民是首相的职责，要保障国人真正从政府获得公共服务"[1]。在社会保障机制建设方面，柬埔寨政府根据国内发展稳步推进相关建设。例如，1999年颁布《劳动法》，2002年通过《社会保障法》确定正式部门工人的福利待遇，2019年出台的《社会保障基金会法》实施后使所有公共和私人领域从业人员都被纳入社会保障基金保护网。为保障近百万制衣制鞋工人的权益，政府劳工部每年都要与资方谈判，初步确定最低工资标准并报洪森首相审批，洪森首相往往会再额外增加几美元，以切实提高最低工资水平。例如，自2012年至2019年，柬制衣制鞋工人最低工资从61美元增加到190美元。为强化对工人生计的保护，柬埔寨政府推动工厂每月发两次工资，还经常对非法国外劳工进行清理，以保护国内就业机会。为维护占就业人口多数的农民利益，政府出资在全国多个地方建立稻米仓储及烘干设施，以提高稻米的附加值。在稻米丰产、价格下跌的情况下，政府拨款并动员金融机构一道参与，以保护价收购稻米，防止农民因中间商压价而利益受损。洪森首相还经常下乡，深入工厂和田间，了解社会民意，推动解决当地民众最关注的现实问题，曾一度在下乡慰问工人时表示，"不会再讨论政治问题，现在要关心全国1600万人的生活"[2]。人民党也建立独特的党内帮扶地方机制，党内各级官员根据选区安排或主管领导指示，经常利用周末下乡扶贫，及时掌握地方民意变化，推动解决关系民生的地方项目，并向有关部门提供政策建议。

---

[1] 焱鑫：《洪森承诺保障政府公共服务惠民生》，载柬埔寨《高棉日报》，2019年3月10日。

[2] Niem Chheny, "Hun Sen vows to ignore 'politician'", https://www.phnompenhpost.com/national-politics/hun-sen-vows-ignore-politician.

此外，在应对洪灾、火灾等突发性自然灾害方面，各级官员尤其是党政一把手也往往能做到及时出现在现场，协助转移受灾民众，现场解决具体问题。同时政府还及时出台相应援助政策，以缓解灾情和改善民生。例如，2020年面对新冠肺炎疫情和洪灾双重打击，政府在3月份拨款3000万美元用于为期6个月的疫情防控工作，10月出资1.6亿美元用于洪灾灾后重建工作。

第四，以强化对军警等强力部门的控制稳定局势。柬埔寨人民党历史上通过枪杆子夺得政权，因而对保持政权及稳定政权有着天然的自觉性。1993年以来，人民党采取了多方面的政策举措，强化政治斗争优势，遏制内外敌对势力的破坏、颠覆政权等图谋。

一方面，通过武力加政治拉拢等方式，实现对军队的完全掌控，消灭可能出现的武力对抗等安全风险。人民党政府通过掌握军队、警察等强力部门人事任免权及增加强力部门党籍官员的党内地位等方式，强化对强力部门的有效掌控。不断加强情报信息收集和评估能力，强化对边远地区和安全形势复杂地区的管控，形成有效的安全防范体系。对国内某些政治人物煽动暴力的言行，人民党政府予以严厉警告，有效地震慑了部分对政府不满的破坏分子。在出现选举暴力或社会暴力抗争的情况下，人民党政府也往往敢于立威，及时动用武力平息暴乱或遏制暴力活动的进一步蔓延。当前，柬埔寨国内反政府力量无法组织有效的示威抗议，往往只能借助社交媒体开展私下勾连。

另一方面，对西方持续干涉柬埔寨内部事务以及支持某些亲西方势力搞"颜色革命"保持高度警惕并予以有效应对。人民党政府很早认识到西方势力对柬的现行政治制度不满，敌视柬坚持独立自主的外交政策，并通过各种方式向柬渗透乃至力挺柬亲西方政治势力。为斩断国内外敌对势力的勾连渠道，柬埔寨政府先后于 1995 年和 2015 年通过《新闻法》和《非政府组织法》，对在本国运营的国内外媒体及非政府组织进行约束。柬埔寨官方还多次明确要求外国势力不要干预柬事务，如政府外交与国际合作部在 2018 年 2 月发布的白皮书中指出，"历史已经证明外国强加给柬埔寨的议程对柬埔寨肯定是不利的，将给柬埔寨带来流血事件以及毫无意义的破坏"[1]。在 2018 年大选前，柬埔寨政府断然采取系列措施，对西方在柬运营的"美国之声""自由亚洲电台"等予以关闭，驱逐美国"国家民主研究所""国际共和研究所""国家民主基金会"等非政府组织。尽管上述合法举措受到美欧等国的反对以及经济制裁威胁，但柬埔寨政府仍不为所动，坚持按照本国法律办事。当然，柬埔寨在与西方国家博弈中也适当显示灵活性，以减轻外部压力。例如，在"美国之音"电台承诺遵守柬埔寨法律的情况下，柬政府允许其在 2019 年重返柬埔寨。

第五，以深化中柬关系为国内发展营造良好的国际环境。柬埔寨人民党政府和洪森首相高度重视发展对华关系，两国在涉及各自核心事务的问题上相互支持、相互声援，在共同关心的地区和国际事务上相互沟通、加强合作。尤其是近些年来柬埔寨坚持"一个中国"政策，不与台湾方面发生任何官方联系，完全支持中国全国人大进行涉港国安立法，在南海问题上予以中方大力支持，并加强与中方的执法合作。在武汉暴发新冠肺炎疫情后，洪森首相坚持于 2020 年 2 月访华，表示"柬埔寨人民同中国人民坚定地站在一起，患难与共，共克时艰，是真正的'铁杆朋

---

[1] Ministry of Foreign Affairs and International Cooperation, Kingdom of Cambodia, "Cambodia: Stability and Development First", https://www.mfaic.gov.kh/wp-content/uploads/2018/02/4T2-Stability-12-February-2018.pdf.

友'"[1]。洪森首相还始终强调柬埔寨的繁荣和发展离不开中国，对某些西方国家借新冠肺炎疫情破坏中国发展予以谴责，如他近期表示，"某些国家一直想'扯中国后腿'，阻碍中国的发展，而这些国家的汽车和纺织工业却面临停摆了"[2]。中方也坚定支持柬埔寨自主选择符合本国国情的发展道路，不断扩大对柬经济贸易合作，还提供大量的援助，帮助柬埔寨开展基础设施、电力、农业、旅游开发、经济特区等领域的建设。当前，中国已经成为柬埔寨最大投资来源地、最大客源国及第一大进口来源地。

深度的政治互信、良好的经贸关系及不断增强的民间友好，推动两国关系不断迈上新的台阶。2010年12月，两国建立全面战略合作伙伴关系。2016年10月，两国签署《中华人民共和国和柬埔寨王国关于编制共同推进"一带一路"建设合作规划纲要的谅解备忘录》等31项合作文件。2019年4月，两国签署《中华人民共和国政府和柬埔寨王国政府关于构建中柬命运共同体行动计划（2019—2023）》。2020年10月，中国商务部部长钟山与柬埔寨商业大臣潘索萨分别代表两国政府，通过视频签署《中华人民共和国政府和柬埔寨王国政府自由贸易协定》。由此，中柬命运共同体的内涵日益丰富、成效更为突出，为柬埔寨实现可持续发展和国内社会政治稳定提供了重要助力。

三、对柬埔寨人民党政府继续掌权并维护国家稳定的展望

柬埔寨作为一个经济相对落后的小国，自身发展与稳定受到

---

[1]《战"疫"时刻，他专程来华对习主席说"同中国人民坚定地站在一起"》，新华社北京2020年2月6日电。
[2]《洪森表示：阻碍中国发展，就是最终害了自己》，http://www.chinanews.com.cn/gl/2020/02-26/9105150.shtml。

内外多方面因素的影响。当前，柬埔寨人民党不断强化为民执政理念，着力提升应对内外困难和挑战的能力，着力夯实执政基础，保持了较高社会支持率，有望继续长期执政并保持政局稳定。

第一，继续坚持以发展促稳定的战略思路。柬埔寨人民党上下已经形成共识，只有继续保持较高的经济发展速度，持续回应社会大众对就业机会、薪资上涨及社会保障等方面的诉求，才可能获得社会大众的持续支持。因此，柬埔寨各级政府都把维稳前提下的发展作为重中之重，全力招商引资，改善投资环境，为经济发展不断注入新的能量和活力。例如，发展先进产业，引进先进技术，加强对劳工的技能培养，以满足劳动力市场的需求。加大城乡基础建设力度，促进城市之间及城乡之间基础设施的连通。突出兼顾自由市场与财富再分配，在提高国家竞争力的同时，不断改善公共服务水平和质量，维护穷人和弱势群体的利益。国际货币基金组织2020年10月发布的《世界经济展望》预计，柬埔寨2020年经济将萎缩2.8%，但2021年将成为东盟国家中经济增长率第三高的国家，并在2025年成为地区增长最快的经济体。[1]

第二，以加快领导层新老交替强化政治控制力。长期执政的人民党已经认识到党内领导层老化问题，加快了领导层新老更替步伐。其突出特点是"纳新不吐故"，一方面出于维护党内团结需要继续任用老一代干部，另一方面又大力选拔任用党内年轻精英。由洪森长子洪马奈负责的人民党青年工作组，主要成员系人民党中央职能部门、人民党省委及中央政府主要部门青年骨干，承担了一些急难险重的工作并得到高层赞赏，不少优秀成员被提

---

[1] "IMF Sees Cambodia as ASEAN's Fastest-Growing Economy in 2025", https://www.akp.gov.kh/post/detail/220077.

拔到省部级重要岗位。由洪森第三子洪马尼负责的柬埔寨青年联合会也积极整合社会青年，引领社会青年了解、支持人民党与政府，向政府推荐了一批社会青年精英并获得洪森首相的任用。洪马奈在2018年出任柬埔寨王家军副总司令、陆军司令及人民党中央常委，成为柬政坛冉冉升起的年轻翘楚。洪马奈知识渊博、为人谦和、高度自律，具有宽广的国际视野，处理复杂问题能力较强，越来越得到党内和柬社会的认可，接班势头明显。

第三，坚持通过法律、行政等方式阻遏反对党发展。人民党政府高层多次声称，柬埔寨是多党民主制国家，多党公开竞争是常态，但强调党争不能违法或破坏社会安定，也不能危及国家的长远发展。人民党将基于宪法和法律，对挑战民主规则、制造社会事端的其他政党作出回应。目前来看，人民党政府一方面将继续通过法律方式对原救国党国内残余势力进行约束，防止其煽动、挑起社会动乱；另一方面将继续通过各种方式阻止在海外的原救国党高层回国以及通过外交渠道阻止原救国党高层在海外的窜访和活动。原救国党虽短期内政治影响力仍存，但已很难对人民党政府形成重大挑战。其他在野党鉴于柬国内政治现状，也大多寻求扮演建设性反对党角色，谋求通过民主协商、政治对话等渠道，推动人民党政府更多体现在野党的诉求、照顾在野党的关切。这些都有利于人民党弱化政治斗争烈度，促进政治稳定。

第四，坚决顶住外部压力守护国家稳定。人民党对自身面临的外部风险和挑战认识深刻，对西方的"颜色革命"图谋十分警觉，坚决抵制西方干涉柬内政，绝不会以牺牲国家独立自主为代价向西方妥协。预料人民党政府未来将多策并举，以有效反制西方。例如，在政治上继续指责西方的双重标准，反对西方以自由、民主、人权等为借口，干涉柬内部事务。在经济上进一步寻求合作伙伴的多元化，扩大与新兴经济体及广大发展中国家的合作。在外交上突出自主，坚持以本国利益为政策出发点，切实维护本国权益、维持东盟整体利益。当然，人民党政府也将进一步发挥外交智慧，力避与欧美日等主要西方合作伙伴搞坏关系，谋求相对有利的外部环境。

四、结语

通过梳理柬埔寨人民党近20年来执政及维护国家稳定的历程，可以看出人民党的政治信念、政治远见和政治果断，以及强大的政治行动力和维稳能力。基于柬埔寨的东方文化背景、人民党半个多世纪以来的政治实践、人民党政治精英能力，以及柬国内政治力量对比，可以预料人民党将继续保持强大的政治竞争力，继续长期执政并全力维护国家政治稳定。

北欧国家民粹主义政党对"冰上丝绸之路"的影响

肖　洋　北京第二外国语学院政党外交学院教授

摘要：北欧国家民粹主义政党的兴起，对中国推进"冰上丝绸之路"产生了多重影响。反全球化现象成为民粹主义政党的重要特征，并且对中国参与北欧国家和北极地区的经济发展带来了诸多不确定性。本文对北欧国家与"冰上丝绸之路"的战略定位、北欧国家民粹主义政党的政治特征及其对"冰上丝绸之路"的看法进行了系统分析，梳理了北欧各国主要民粹主义政党对"冰上丝绸之路"的认知差异，提出了应对北欧国家民粹主义泛滥的基本思路以及应对全球化变局所应具有的战略定力。

近年以来，北欧国家政治格局呈现复杂变化，呈现"大党不大、小党不小、新老政党与左右政党鼎立"的格局。北欧国家民粹主义政党显示出较大的政治影响力，在涉及本国政治、经济及对外合作等领域上的话语权明显增加，其对"冰上丝绸之路"倡议的看法及对有关重大项目的态度,直接关系到中国与北欧国家共建"冰上丝绸之路"的进度和成果,值得密切关注。

一、北欧国家在"冰上丝绸之路"中的地位

2018年1月26日,中国政府发布《中国的北极政策》白皮书,明确提出依托北极航道开发,与各方共建"冰上丝绸之路"。[1]欧洲国家,特别是北欧国家是共建"冰上丝绸之路"的合作伙伴。与中俄以能源开发作为核心领域不同,中国-北欧之间的北极经贸合作呈现出明显的"复合型特征",可从东北航道经济区、亚欧地缘经济格局变迁、中国-巴伦支海北极经济合作方式、中国-北欧北极战略的契合度等方面进行阐析。

从区域经济发展的视角来看,北极东北航道沿岸的次区域经济系统较为完善。北冰洋沿岸的四大经济区:东北航道占有其三,即以巴伦支海和挪威海为核心的"东北大西洋经济区",以冰岛、格陵兰、法罗群岛为核心的"北大西洋中央经济区",以白令海为核心的"北太平洋经济区";西北航道则因通航时间较短和原住民权益保护等原因,区域经济发展滞后,仅有以纽芬兰和拉布拉多为核心的"西北大西洋经济区"。[2]然而,北极东北航道分为俄罗斯段和欧洲段,两者的区域经济发展存在巨大差异。俄罗斯段缺乏经济集聚的社会基础,沿线地广人稀且基础设施落后,更多是以航运补给和矿产开发为主的单一经济增长点,即使是在白令海峡地区,俄罗斯的楚科奇半岛地广人稀,落后于一海之隔的阿拉斯加。反观北欧段的综合经济发展水平普遍较

---

[1] 中华人民共和国国务院新闻办公室:《中国的北极政策》,北京:人民出版社,2018年版。

[2] 北极问题研究编写组编:《北极问题研究》,北京:海洋出版社,2011年版,第68页。

高，是北冰洋沿岸经济最发达的地区，能够通过便捷的海陆交通网实现与欧洲经济腹地——波罗的海经济区的无缝对接，经济整合的愿景较为明显。

从合作的有效性来看，中欧共建"冰上丝绸之路"采取了互补型经贸合作方式。[1] 中国是北欧国家的重要出口市场，欧洲具有吸引中国投资的巨大潜力。中国推动"冰上丝绸之路"建设，存在两种合作诉求：一是以能源和矿产资源开发为主的资源合作，二是以极地船舶建造技术为主的极地科技合作。因此，中欧北极经贸合作的互补性表现在两个方面。一方面，欧洲北极地区的自然资源十分丰富，例如挪威的渔业与油气资源、芬兰的林业资源、冰岛的地热资源、格陵兰的铁矿与稀土资源、瑞典的旅游资源等，但相关基础设施建设缺乏资金、设备和劳动力支持，需要稳定庞大的出口市场。中国参与北极资源开发，既能有效输出矿业开发、物流与能源基础设施建设等优势产能，又能发挥国内雄厚的投资优势，维护国际资源供给链的安全。另一方面，欧洲国家拥有先进的极地知识与技术力量，有利于中国弥补极地科技的短板。例如挪威掌握世界唯一的零泄漏极地海上油气勘探技术，[2] 芬兰研发了极地航运必备的双向作用船舶（Double Acting Ship）建造技术，冰岛的地热发电技术，瑞典更是冰区科技知识储备最为丰富的国家。中国极地科考船和极地货运船舶建造，需要加大与北欧国家的极地科技合作，同时，为了践行中国"碳减排"和绿色开发北极承诺，中国还需加强与北欧国家在清洁能源、环保科技等领域的合作。在北极经济开发的浪潮中，中国与

---

[1] 肖洋：《中欧共建"冰上丝绸之路"：机遇、挑战与路径》，载《德国研究》，2019年第3期，第58—69页。
[2] Rice Kristen, "Freezing to Heat the Future: Streamlining the Planning and Monitoring of Arctic Hydrocarbon Development", *Colorado Natural Resources, Energy & Environmental Law Review*, Vol. 24, No. 3, 2013, pp. 393–402.

北欧国家围绕资金与技术、资源与市场的合作共识，必将转化为促进欧亚经济融合的内在动力。[1]

中国与北欧国家北极战略的契合度，是决定双方共建"冰上丝绸之路"的重要依据。随着北极治理的日益全球化，北极域内外的利益攸关方纷纷出台了各自的北极战略。总体而言，东北亚和西北欧作为北极东北航道的起止端，虽然经济实力雄厚，但都面临着远离北极的地理劣势以及被北极国家排斥的不利处境，这也使得中欧在北极战略谋划方面，存在相似之处。分析中欧北极战略的契合度，主要以中国与北欧国家北极战略、欧盟北极战略的契合度为主。北欧国家的北极战略，重点是进行北极经济开发与环境保护以及在北极理事会框架下捍卫本国的主权和利益。例如挪威从地缘政治和社会发展的视角出发，于2017年发布了《挪威的北极战略》，明确提出愿与中国等东北亚国家达成北冰洋公海捕鱼协议。[2] 2018年3月11日，挪威和芬兰政府宣布将共建希尔科内斯（Kirkenes）至罗瓦涅米（Rovaniemi）的北极铁路，重点向中国推介该项目。[3] 希尔科内斯港具有310万吨吞吐量，能够运输铁矿石、渔产品和石油天然气，不仅是北极航道欧洲段的核心港口，也是北极旅游的游客中转站。

此外，运行良好的《中国－冰岛自由贸易协定》成为中国与北极国家战略与经贸合作的示范窗口。[4] 2016年欧盟委员会公布的《欧盟北极战略》设置了三个优先领域：保护北极生态环境、促进北极地区可持续发展、加强北极事务的国际合作，提出

---

[1] Bennett. M, "North by Northeast: Toward an Asian-Arctic Region", *Eurasian Geography and Economics*, Vol. 55, No. 1, 2014, pp. 71-93.

[2] "Norway's Arctic Strategy", http://www.uaf.edu/caps/resources/policy-documents/norway-arctic-strategy-2017.pdf.

[3] 《欧洲"北极走廊"计划初见雏形》，新华社赫尔辛基2018年3月9日电。

[4] Valur Ingimundarson, "Framing the National Interest: the Political Use of the Arctic in Iceland's Foreign and Domestic Policies", *Polar Journal*, Vol. 5, Issue 1, 2015, pp. 82-100.

要加强与中国等北极理事会永久观察员国建立极地科学与贸易投资领域的合作关系。[1] 由此可见，无论是欧盟还是北欧国家的北极战略，都将中国列为重要的合作伙伴，与中国的"冰上丝绸之路"倡议具有较高的契合度，因此，中欧双方从战略层面加强北极合作的意愿强烈。

需要指出的是，随着欧洲经济重心从西欧向北欧逐渐偏移，以及北极航道成为第二条中欧物流大通道，北欧国家兼具欧洲国家和北极国家双重身份，成为中欧北极经贸合作的示范区。[2] 北欧地区作为俄罗斯"北方海航道"向欧洲核心经济区自然延伸的关键节点，其地缘经济地位不容忽视。北欧国家与中国的经贸合作成效，直接关乎中欧共建"冰上丝绸之路"的可持续性。

二、北欧国家民粹主义政党的特征

民粹主义（Populism）是一种极端强调民众价值取向，泛道德、泛情感、反理智，极具民众煽动性的社会思潮。[3] 坚持民粹主义政治理念和执政风格的政党即为民粹主义政党，分为左翼民粹主义政党和右翼民粹主义政党。[4] 左翼民粹主义（Left-wing Populism）政党是指：拒绝现有政治共识，坚持自由放任主义与反精英主义相结合的政党。左翼民粹主义政党推崇社会平等，反对资本主义和全球化。右翼民粹主义（Right-wing Populism）政

---

[1] "European Commission, An Integrated European Union Policy for the Arctic", http://eeas.europa.eu/archives/docs/arcticregior/docs/160427_joint-communication-an-integrated-european-union-policy-for-the-arctic_en.pdf.

[2] Keskitalo Carina, "International Region-Building: Development of the Arctic as an International Region", *Cooperation and Conflict*, Vol. 42, No. 2, 2007, pp. 187-205.

[3] 郭正林、李镇超：《当代世界的民粹主义：四种主要类型》，载《人民论坛·学术前沿》，2016年第10期，第67—68页。

[4] Mark Moloney, "Ben Gilroy and Direct Democracy Ireland: Look behind Them", *A Phoblacht*, Vol. 36, Issue 4, 2013, p. 27.

党同样反对现有政治共识，坚持自由放任主义与反精英主义相结合，但是拒绝社会平等及相关政策，反对社会融合，并且具有种族排外主义倾向。[1] 当前欧洲民粹主义的主体由左翼民粹主义政党转向右翼民粹主义政党，二者共同挑战欧洲传统政治社会结构。[2] 因此本文研究的北欧民粹主义政党特指右翼民粹主义政党。

当前北欧的民粹主义在许多政党中得到体现。这些政党通常是新兴政治力量，逐渐形成了各自较为稳定的选民基础。北欧民粹主义政党的上台，并不是一种新事物，它的根源可以追溯至20世纪70年代初的丹麦和法国。但是，在最近的几十年中，瑞典、丹麦等国的民粹主义政党已经进入了政府，这些政治势力得到了越来越多的支持，形式也日趋多样。

北欧国家出现的一些民粹主义政党，其政策主张大多集中对福利国家、环境保护和税收制度展开更为广泛的攻击，例如挪威进步党（Progress Party）就是如此。北欧国家民粹主义政党的影响力也在发生变化，丹麦进步党已经演变为反对国际合作的丹麦人民党（The Danish People's Party），正统芬兰人党（The True Finns）也已经成为芬兰重要的政治势力，不再是一个乡村政党。需要指出的是：北欧国家民粹主义政党已经开始关注移民问题。近几年移民问题政治化并不是一个偶然，没有关注移民问题的民粹主义政党已经几近处于失语状态，这些反移民的民粹主义政党包括瑞典民主党（Sverige Demokraterna）、丹麦新保守党（The New Right）等。[3]

---

[1] 刘益梅：《欧洲一体化进程中的民粹主义及其影响》，载《新疆大学学报》，2020年第3期，第71—77页。

[2] Ivaldi Gilles, *The Extreme Right in Europe*, Göttingen: Vandenhoeck & Ruprecht, 2011, p. 20.

[3] 张莉：《多样的欧洲民粹主义及其对民主制度的影响》，载《国际论坛》，2019年第1期，第62—75页。

北欧民粹主义政党具有明显的时代风格,这主要表现为三个方面:一是"民众中心论"。这是民粹主义与其他政治思潮的重要区别。民粹主义不一定单纯针对社会精英阶层,也可能针对其他的政治实体,例如外来移民和投资。同时,"民众中心论"是民粹主义者开展反精英运动的重要理论依据。他们认为:人民的常识作为一种朴素的判断标准,是界定一切问题正误的根本标准。[1] 二是"社会危机论"。民粹主义政党通过列举社会不稳定因素来煽动民众的情绪,并且强调必须尽快解决这些危机,排斥传统的渐进式危机解决路径。由于普通民众对现代政党政治体系不了解和不信任、对社会治理复杂化认识不足,因此易于排斥既有政治治理体系。[2] 三是"反全球化"。反全球化是欧洲民粹主义的核心特征,其社会根源来自欧洲整体经济下行导致普通民众内心的恐惧或不安。[3] 因此,研究北欧民粹主义政党的现实意义,就在于评估欧洲政治经济秩序能否良性运转。这对于中国推动"冰上丝绸之路"的区域合作规划与资源投放,具有重要的参考价值。

三、北欧民粹主义政党对"冰上丝绸之路"倡议的立场差异与认知心理

北欧国家大多人口稀少、资源丰富,社会大众享受较高社会福利,在对华合作上有着所谓的优越感,对中国戒心较大。因而,北欧国家民粹主义政党对"冰上丝绸之路"倡议及中国投资

---

[1] 董一凡:《瑞典民主党崛起:"北欧模式"衰败的信号?》,载《世界知识》,2018年第20期,第36—37页。

[2] 谢瑞·伯曼、陈鑫:《瑞典大选以及欧洲极右浪潮的五个要点》,载《英语文摘》,2018年第11期,第10—14页。

[3] Stig Hjarvard, "The Mediatization of Society", *Nordicom Review*, Vol. 29, No. 2, 2008, pp. 105–134.

的态度总体较为谨慎和保守，主要表现如下：

第一，认为部分"冰上丝绸之路"项目具有财政不可持续性。如瑞典民主党反对中国参与瑞典高速铁路项目（斯德哥尔摩—哥德堡段及斯德哥尔摩—马尔默段），[1] 其主要理由包括高铁项目耗资巨大（预计投资2050亿克朗），不仅将耗尽瑞典政府的税收盈余（2018年为800亿克朗），还会导致政府大规模发行国债，加剧财政困难；同时担心中国铁路建设企业威胁本国企业。瑞典民主党担心中国企业一旦竞标，就会实现全产业链进入瑞典，削弱瑞典铁路企业的影响力。正统芬兰人党认为，与中国的铁路货运严重依赖中国的补贴，如果按照商业运行规则是无法持续的，未来与中国的铁路货运能维持多久，还有待观察。

第二，认为"冰上丝绸之路"项目会导致来自欧盟的制度性约束。欧盟不承认中国的完全市场地位，通过加强规则和投资安全审查来削弱"冰上丝绸之路"建设的国际影响，这直接影响了芬兰、瑞典等欧盟成员国的对华政策。例如，2019年3月，欧盟委员会建议谨慎评估中国对赫尔辛基至塔林海底隧道的投资，这将严重影响该项目的建设进程。持疑欧立场的正统芬兰人党认为：欧盟不仅对东北欧地区的交通基础设施投资很少，而且阻挠中国在东北欧地区的投资，不利于芬兰的国家利益，因此支持中国对赫塔海底隧道的投资。挪威进步党对中资企业参建北极铁路项目的立场较为温和，对中国籍劳务移民进入挪威持相对开放的政策，但仍然坚持对中国企业和投资进行高标准审查。[2] 此外，由于挪威进步党采取亲欧盟的立场，认为中方在北欧推广中国铁路标准可能会削弱欧盟标准的影响力，还可能导

---

[1]《驻瑞典使馆发言人就瑞典少数政客涉华错误言论发表谈话》，http://www.chinaembassy.se/chn/mtfw/。

[2]《芬兰和挪威将修建北极铁路》，http://no.mofcom.gov.cn/article/jmxw/201803/20180302723762.shtml。

致北欧的欧盟国家和非欧盟国家互联互通投资项目的相互竞争或重复建设。

第三，担忧"冰上丝绸之路"项目会危及国家统一。丹麦人民党主张保护丹麦人的文化遗产，通过严格的法律限制外来务工，反对国际经贸合作，反对中国投资格陵兰机场项目以及其他矿业合作项目，[1]认为中国工程务工人员大量涌入格陵兰，会削弱格陵兰当地人的文化传统，同时也会提升格陵兰自治政府的经济独立性，加剧格陵兰对丹麦王国的离心力。该党支持台湾独立，反对中国大陆对格陵兰的矿产、基础设施等项目投资。

第四，担忧"冰上丝绸之路"项目危及既有产业利益。瑞典民主党对于5G关键技术流失、数据保护及中国企业对其高科技企业并购的警惕性逐渐上升，以国家战略利益和公共安全为由，主张对中国进行投资安全审查，加强对本国市场的保护。2017年，爱立信被华为超越，经营困境造成大量裁员，瑞典民主党将其归结于华为等中国电信企业的非正当竞争。此外，中国的高铁、5G技术、风力光伏发电、林业资源开发等技术与装备优势，都引起北欧传统优势产业的生存焦虑。例如中工国际在芬兰Boreal Bioref生物炼化厂（纸浆厂）项目，就曾受到正统芬兰人党的抨击，指责其"以毁灭芬兰传统林业经济为代价，去满足中国人的纸张需求"[2]。

事实上，民族利己主义、维护文化认同、恢复单一民族是北欧国家民粹主义政党共同的政治纲领，在对华态度上则体现为对华人非基督徒身份的排斥和对中国籍劳务移民的恐慌。

一是恐惧来自中国企业的竞争压力。芬兰、冰岛等国对华采

---

[1] 朱刚毅：《复杂地缘政治背景下的中国-格陵兰合作》，载《辽东学院学报》，2019年第5期，第14—23页。
[2]《中工国际工程股份有限公司2019年1月大手记》，http://www.camce.com.cn/cn/gywm/dsj/2019n/。

取重商主义和实用主义政策,积极加强对华贸易、吸引中国投资,但商品、资本、服务和人员不受限制的自由流动给北欧国家福利分配制度带来巨大压力,也加剧了工程技术类劳动力市场的竞争,给大量北欧非技术型劳动者带来不稳定感和就业竞争压力。[1]为了维护自身利益,受到影响或损害的北欧国家普通劳动者倾向于用国籍、民族、种族、福利等作为排他性的标准,限制中国等外来竞争力量的进入。欧债危机发生后,瑞典、芬兰等国在信息技术和计算机领域的投入显著减少,产业技术升级改造的速度变缓,北欧国家非技术工人阶层对具有技术、资金优势的中国企业和工程人员产生恐惧和排斥心理。[2]再加上经济的创新能力下降,政府债务提高,难民安置工作耗资巨大,政府不得不大幅缩减公共开支,许多普通国民的生活条件出现明显下降,引起一部分严重依靠福利救济的北欧民众对政府产生不满,再加上媒体对华报道较少且较为消极负面,使得普通民众对华好感度下降。[3]

二是出于保护主流文化、维护民族认同而反对中国劳务移民和大型项目投资。如丹麦政府只保留对格陵兰自治政府的外交权、防务权,为防止非基督教文化区的格陵兰获得实现独立的经济资本,丹麦政府以国家安全为名坚决阻止外国对格陵兰的大规模投资。因为中国等地外来务工人员大规模涌入人口只有30万的格陵兰,不仅会引发格陵兰当地人口构成失衡和民族离心力加剧,同时也会使丹麦本土民族产生越来越强烈的不安感,造成丹麦传统本土文化和传统精神逐步丧失对格陵兰的吸引力。丹麦政

---

[1] 闫实强:《北欧投资与风险防范》,载《中国外汇》,2019年第12期,第30—31页。

[2] 丁纯、徐浩栋、蒋帝文:《"一带一路"背景下中国与北欧国家经贸合作潜力及深化路径分析》,载《德国研究》,2020年第2期,第52—68页。

[3] 夏庆宇:《挪威、丹麦民粹主义政党比较研究》,载《深圳社会科学》,2019年第5期,第72—80页。

府反对中国对格陵兰的大型项目投资，既为了维护丹美盟友关系，又为了制止格陵兰的离心力。因此丹麦政府采取"家长式"作风，将"丹麦王国"描述为一个由多民族组成的、单一的国际行为体，刻意掩盖了丹麦、法罗群岛和格陵兰岛之间相互冲突的利益诉求。[1] 挪威进步党的核心主张是"反全球化""维持基督教文明"，认为自由主义和多元文化主义正在摧毁欧洲的基督教文明，因此反伊斯兰和亚裔移民。

三是身份认同焦虑导致种族主义兴起。瑞典民主党、丹麦人民党有着非常明显的种族主义倾向，提倡恢复单一民族，反对多元文化主义，主张严格管控非基督教新教移民。瑞典另类选择党作为由瑞典民主党激进派组成的极右翼党，更是主张遣返外来移民以维护瑞典人种单一性。[2]

四是国家处境影响到北欧一些国家民粹主义政党的务实合作认知。正统芬兰人党认为"冰上丝绸之路"能够助其进行北极经济开发，鼓励对华接触和合作。挪威进步党对华政策坚持重商主义立场，但仍然存在用人权、环保问题反对两国贸易的可能。丹麦人民党主张扩大对华出口，但反对中国大规模投资格陵兰。瑞典民主党反对中国企业参建5G、高铁项目，对于中国游客、留学项目则持中立且趋紧态度，主张严格审查华人移民。[3]

四、余论

总体而言，北欧国家的民粹主义政党尚未完全主导本国政

---

[1] 肖洋：《"冰上丝绸之路"的战略支点：格陵兰"独立化"及其地缘价值》，载《和平与发展》，2017年第6期，第108—123页。

[2] 李宏、姜昊：《北欧模式与传统左翼的回归？——试析2019年丹麦议会选举》，载《当代世界社会主义问题》，2019年第4期，第132—141页。

[3] 杨剑：《北极治理新论》，北京：时事出版社，2014年版，第227—228页。

府，其对华政策主张尚未实质性影响本国的对华关系，但在议会层面已经出现了对中资、中企、华商、中国留学生的隐性和连带歧视提案。此外，北欧国家的私营企业或民间社团是参建"冰上丝绸之路"的实践主体，它们受到本国政党政治的影响较弱。因此，北欧国家民粹主义政党即使对中国及"冰上丝绸之路"政策存在个别议题领域的分歧，也不一定有能力阻碍与中国的商贸合作。[1] 当前，北欧国家对华采取"务实主义"和"重商主义"外交政策，基于民粹主义政党对华有一定的意识形态、价值观等政治偏见，在"冰上丝绸之路"务实合作上受其影响较为明显，因此双方应立足商业合作立场促进消除有关合作难题。

首先，加强与包括民粹主义政党在内的北欧国家主流政党交流对话，强调自由贸易和开放经济合作，要求以正常的商业合作心态看待中国与北欧国家的务实合作，取消设置各种制度型障碍，从而为中国与北欧国家的"冰上丝绸之路"建设创造更好条件。

其次，促使中国企业熟悉当地营商环境，承担起更多社会责任并积极吸纳当地人就业，以逐渐提升欧洲民众对"冰上丝绸之路"的良性感知。

再次，推动中国与冰岛的自由贸易协定，加速中国-挪威自贸区谈判进程，将非欧盟北欧国家作为"冰上丝绸之路"的重要基础设施投资靶区，提升样板项目的社会影响力，提高中国企业在瑞典、冰岛的社会形象，将瑞典、芬兰作为推动欧盟承认中国完全市场经济地位的重要力量。[2]

最后，强化民间往来，鼓励赴北欧旅游和留学，提升投资项

---

[1] 郑英琴：《中国与北欧共建蓝色经济通道：基础、挑战与路径》，载《国际问题研究》，2019年第4期，第34—49页。

[2] 应琛：《"中国敏感症"及其应对》，载《当代世界》，2011年第11期，第30—33页。

目的环保标准,尊重当地人的环境价值和文化传统。大力拓展公共外交渠道,把当地 NGO 和民间社团及网络看作是利益攸关方,重点研究冰岛、挪威及瑞典发起的"拓展及品牌化"运动。

印度共产主义政党的历史、现状与前景

周　帅　北京第二外国语学院政党外交学院讲师

摘要：印度有多个共产主义政党且主张各异，这是经历了多次路线之争和组织分裂之后的结果。根据各政治主张，印度共产主义政党大致可分为走议会斗争道路的温和派和走武装斗争路线的纳萨尔派。印共（马）和印共等主张走议会斗争路线的共产主义政党一度发展较好，但近些年随着印度教民族主义兴起及印人党强势崛起，印度共产主义政党中的温和派在中央和地方的发展空间被挤压，暂时处于低潮期。而主张走武装斗争路线的印共（毛）等纳萨尔派虽然不时发动武装袭击，但影响力有限。由于印度政治生态的变化及印度共产主义政党自身政策的调整，温和派力量会略有回升，但依旧不会成为印度政坛主导型政党；纳萨尔派发展空间不大，但由于目前印度经济社会一些矛盾突出，纳萨尔派依旧有存在空间。

2020 年 12 月 26 日是毛泽东同志诞辰 127

周年纪念日。印共（马）本地治理分部在其官方推特上发文引用毛泽东名言："我们共产党人好比种子，人民好比土地，我们到了一个地方，就要同那里的人民结合起来，在人民中间生根、开花。"该推特还向毛泽东同志致以"红色敬礼"，同时还配有1973年油画《秋收起义》。当时，中国外交部发言人赵立坚转发了这条推特，一时间印共（马）受到国人众多关注。印共（马）是印度众多共产主义政党之一，除此之外还存在或曾经存在印共、印共（马列）、印共（毛）等共产主义政党。本文首先回顾印度共产主义政党历史发展脉络，进而阐述印度共产主义政党的发展现状，并对其未来前景进行分析。

一、印度共产主义政党的历史发展

印度有多个共产主义政党，这是多次路线之争和组织分裂的结果，既与国际形势变化和印度国内形势变化有关，又与印度共产主义政党自身调整有关。总体上，印度共产主义政党发展经历了四个阶段，即印共初创及发展、印共（马）建党、纳萨尔派建立印共（马列）、组建印共（毛）。

（一）印度共产党的成立及发展

20世纪初，英属印度资本主义获得一定程度的发展，工农运动逐渐兴起并逐渐与印度民族独立运动相结合。"第一次世界大战结束和俄国十月革命的胜利为马克思主义在印度的传播提供了社会条件，影响了印度无产阶级意识的觉醒。"[1] 十月革命之后，一些印度革命者在马克思主义影响下开始在印度进行组织活动，英属印度行政管辖之下的加尔各答、孟买、拉合尔、金奈

---

[1] 张雷：《印度共产党成立早期马克思主义在印度的传播特点探析（1920—1947年）》，载《当代世界与社会主义》，2020年第6期，第108页。

（1996年更名为马德拉斯）、坎普尔等工人人数较多的城市相继出现了共产主义小组。1920年，印度人罗易也在苏联城市塔什干建立了印度侨民共产党，并派出该党党员回到印度本土建立或帮助建立共产主义小组。印度各地共产主义小组的兴起引起英印当局的极大不安和恐惧，在所谓"粉碎布尔什维克阴谋"的名义下对英属印度各地共产主义小组进行了严厉打击。

1925年12月26日，印度各地共产主义小组代表齐聚坎普尔，召开印度共产主义者第一次全国性会议。会上，各地分散的共产主义小组决定整合成一个统一的政党，印度共产党宣布成立，简称"印共"。这一天，被视为印度共产党正式成立的日子，标志着印度共产主义运动进入了一个新阶段。

印共成立之初，并未加入共产国际，而是在罗易的指导下开展了一系列工人运动。为避免党组织遭到英印当局破坏，印共推动建立了外围掩护组织，即印度工农党。1933年12月，印共宣布加入共产国际，接受共产国际的指示。印共还积极推动并建立了一系列群众组织，1936年组建了全印农民协会和全印学生联合会。在1936年组建的印度进步作家联合会中，支持共产主义的作家发挥了重要作用。1943年，印度人民戏剧协会成立，推动了革命歌曲和戏剧在印度群众中的传播。

印共及其附属组织的发展壮大遭到了英印当局的敌视和破坏。"从一开始，英国人就看到了在印度有一个有组织的共产党的各种威胁，并且通过制造各种阴谋案进行残暴镇压，如拉合尔阴谋案、白沙瓦阴谋案、坎普尔阴谋案、密拉特阴谋案等，印共领导人纷纷被捕牺牲或被判处劳役监禁。"[1] 印共在极其艰难的环境下继续展开斗争。第二次世界大战期间，反法西斯成为当时

---

[1] 西塔拉姆·亚秋里著，周岳峰译：《印度共产党成立以来的这个世纪是现代印度历史上光辉的一页》，载《世界社会主义研究》，2020年第3期，第90页。

最主要的矛盾，印共选择支持英国的反法西斯立场，双方关系得到缓和，1942年印共获得合法地位。二战之后，实现印度民族独立成了当时印度社会最主要矛盾。印共一方面积极参加选举，另一方面从1946年开始在安得拉邦特伦甘纳地区进行农民武装斗争，走上一条议会斗争和武装斗争并举的道路。1947年印度独立后，议会斗争逐渐成为印共主流。1951年，印共通过决议采取合法的议会斗争。1951年在印度第一届人民院选举中印共获得16席，在单一政党得票数上位列第二，仅次于印度国民大会党（简称"国大党"）。[1] 1957年获得27席，依旧位列第二。[2] 1957年在喀拉拉邦地方选举中获胜，首次在邦一级政府实现执政。"自喀拉拉邦共产党政府成立以来，来自邦内外的反对力量就从未停止过阻挠和破坏。"[3] 国大党与多个政党组成反对党联盟在喀拉拉邦制造骚乱与冲突，导致该邦发生动荡。1959年印度政府以此为由宣布对喀拉拉邦实施总统接管，印共在邦一级政府第一次执政宣告终结。

（二）印共（马）的组建及发展历程

印共成立之初，党内就存在路线之争。"印共党内的派系斗争有着长久的历史根源。"[4] 随着印度的独立，印共内部对印度社会性质的判断发生分歧，路线之争愈发激烈，时而要求走"十月革命"式道路，时而要求走"农村包围城市"式道路，时而又主张与国大党合作通过议会斗争建立社会主义类型的社会。最终，党内议会斗争派占据了领导地位，印共党内支持武装斗争的

---

[1] "Statistical Report on General Elections, 1951 to the First Lok Sabha", https://eci.gov.in/files/file/4111-general-election-1951-vol-i-ii/.

[2] "Statistical Report on General Elections, 1957 to the Second Lok Sabha", https://eci.gov.in/files/file/4112-general-election-1957-vol-i-ii/.

[3] 盛福荣：《议会民主制下的印度共产党：对1957—1959年喀拉拉邦共产党政府成败的思考》，载《当代世界社会主义问题》，2018年第4期，第131页。

[4] 罗会钧、许铭健：《20世纪前半叶马克思主义在印度的传播及其教训》，载《湘潭大学学报（哲学社会科学版）》，2019年第1期，第180页。

领导干部遭受排挤并被边缘化。

20世纪60年代前后,苏共走上"修正主义"道路,同时中苏爆发论战,印共内部分歧激化。印共党中央追随苏联路线继续实行缓和政策,走议会斗争路线。但是部分印度共产党人认为,印度虽然独立,但社会性质依旧具有半封建性质,依然要把阶级斗争和武装革命放在首位,不能跟苏共一样走"修正主义"路线。1962年中印边境自卫反击战爆发,印共内部两派主张截然相反,追随苏共的一派站在印度政府一方谴责中国,赞成武装革命的一派则站在中国一方,拒绝谴责中国,遭到了进一步打压和排挤。

印共内部的武装革命派遭到排挤,为避免被彻底边缘化,最终不得已选择"自立门户"。1964年,武装革命派在加尔各答单独召开党的第七次代表大会,宣布改党名为印度共产党(马克思主义),简称"印共(马)"。不久之后,议会选举派在孟买召开会议,继续沿用印共这一名称。印共党内路线之争最终演变为了组织上的分裂,印共从此一分为二。外界根据两个共产主义政党主张,将印共称为"右派共产党",而印共(马)则被称为"左派共产党"。

印共(马)成立后在加尔各答等地积极组织工人,发动罢工和抗议活动,遭到印度政府镇压,许多党员和干部被逮捕。印共(马)虽然暂时受挫,但其抗争精神和牺牲精神最终获得了民众的理解和支持,为今后发展壮大奠定了群众基础。1967年印共(马)首次参加人民院选举就获得19席,仅次于国大党和印共,位列第三。[1]在这一过程中,印共(马)领导层也逐渐将主要精力放在议会斗争上。1971年第三次印巴战争导致数百万孟加拉

---

[1] "Statistical Report on General Elections, 1967 to the Fourth Lok Sabha", https://eci.gov.in/files/file/4114-general-election-1967-vol-i-ii/.

难民逃往印度，西孟加拉邦紧邻孟加拉首当其冲。印共（马）在救助难民、维护西孟加拉邦稳定方面卓有成效的表现进一步稳固了其群众基础。1971年在第5届人民院选举中，印共（马）获得25席，超过印共的23席，位列第二。[1] 1977年，在西孟加拉邦选举中，印共（马）获胜并执政。印共（马）执政后在西孟加拉邦实行土地改革、重组基层治理机构、大力发展基础教育、关注弱势群体，受到该邦民众拥护，此后在该邦连续执政直到2011年，执政时间长达34年。

（三）纳萨尔巴里运动与印共（马列）

印共（马）逐渐偏向议会斗争路线引来了众多不满。"1964年从印共分裂出来以后，印共（马）……积极开展议会斗争。由于当时南亚、东南亚地区大部分共产党都在坚持武装斗争，因此印共（马）的议会斗争遭到了这些党的责难。"[2] 印共（马）党内主张继续进行武装斗争派别也十分不满，认为印共（马）领导层已经与印共一样转向"修正主义"。这部分人在印共（马）内部成立了"革命者全印协调委员会"，继续组织并开展武装斗争。1967年，武装斗争派在西孟加拉邦大吉岭县一个名为纳萨尔巴里的村庄发动农民武装起义，组织贫农夺取当地地主和富农的土地和粮食。"西孟加拉邦的社会经济状况、部落的反抗传统与新的意识形态基础、印共（马）的党内权力斗争以及革命路线分歧等因素，共同促成了1967年春天大吉岭地区的纳萨尔巴里起义。"[3] 此后，印度共产主义政党中主张武装斗争路线的派别被统称为纳萨尔派。纳萨尔巴里起义遭到了印共（马）的严厉指

---

[1] "Statistical Report on General Elections, 1971 to the Fifth Lok Sabha", https://eci.gov.in/files/file/4115-general-election-1971-vol-i-ii/.
[2] 王元磊、寇清杰：《议会斗争给印度共产党（马克思主义）带来的机遇和挑战》，载《社会主义研究》，2019年第5期，第143页。
[3] 王晴锋：《论查鲁·马宗达、印共（马列）与纳萨尔革命》，载《社会科学动态》，2020年第3期，第78页。

责,并将支持起义的党员开除。"革命者全印协调委员会"宣布不再受印共(马)领导,从该党分裂出来。1967年年底,该委员会更名为"全印共产主义革命者协调委员会",继续开展武装斗争。

1969年4月22日列宁诞辰日当天,"全印共产主义革命者协调委员会"在加尔各答召开大会并宣布成立印度共产党(马克思列宁主义),简称"印共(马列)"。印共(马列)的诞生标志着印度共产主义政党发展过程中的又一次分裂。1970年,印共(马列)第一次代表大会召开,选举出中央委员会并继续展开武装斗争。印共(马列)的组建遭到了国大党政府敌视,同时印共及印共(马)也与其划清界限。恰在此关键时刻,印共(马列)内部在城市斗争与农村斗争方向上又一次发生分歧,印共(马列)内部再次爆发路线及领导权斗争。

外部镇压与掣肘加上印共(马列)党内斗争在短时间内再一次造成了印共(马列)的分裂。1971年,萨蒂亚纳拉扬·辛格领导下成立印共(马列)临时中央委员会,与查鲁·马宗达领导的印共(马列)决裂。1972年,查鲁·马宗达被捕并死于狱中,印共(马列)失去领袖后陷入瘫痪,印共(马列)在各地的组织失去统一领导,最终分裂为多个较小的武装派别,印共(马列)组织本身不复存在。此后有多个派别自称为印共(马列)或印共(马列)主要继承力量,但是或得不到普遍认可,或影响力远不及印共(马列)。这些分裂的武装派别在发展中,一部分消亡,一部分继续分裂,同时还不断产生新的武装派别。

(四)印共(毛)组建及相关行动

印共(马列)解体后,源自印共(马列)的后续政党及武装派别并未停止武装斗争,同时还存在与印共(马列)无关但也坚持武装斗争的共产主义政党,被统称为纳萨尔派。1969年,印共

（马列）成立时，一些坚持武装斗争的力量并未加入，而是保留了独立组织系统。1974年，该组织取名为毛主义共产主义中心。1980年，印共（马列）人民战争（又称"人民战争集团"）成立，在印度国内造成了较大的影响。1982年，一部分印共（马列）前成员成立印共（马列）党统一中央委员会，简称"印共（马列）党统一"，开展武装斗争。

持续的分裂和严峻的形势迫使纳萨尔各主要派别在斗争中认识到团结的重要性。1993年，毛主义共产主义中心、人民战争集团和印共（马列）党统一决定进行联合，协调彼此的行动。在三方努力下，1994年，全印人民抵抗论坛成立并召开十万人大会。1998年，为了适应新形势，印共（马列）党统一并入人民战争集团。合并之后，人民战争集团力量进一步壮大，在印度北部地区站稳脚跟。2003年，毛主义共产主义中心与另一个纳萨尔武装印度革命共产主义中心（毛主义）合并，更名为印度毛主义共产主义中心，实力进一步增强。

2004年9月，人民战争集团与印度毛主义共产主义中心合并成立印度共产党（毛主义），简称"印共（毛）"，其领导的军事力量称为印度人民解放游击军。印共（毛）成立后，汲取了以往纳萨尔运动失败的惨痛教训，更加认识到团结和联合的重要性，同其他多个纳萨尔派别取得联系并协调行动。同时，印共（毛）还开展了一系列武装行动，如伏击印度安全部队、袭击武器库，造成了较大的影响。印共（毛）的活动及影响范围从比哈尔邦和安得拉邦逐渐向外扩展，成为从尼泊尔边境到印度东部这一"红色走廊"上最为活跃的纳萨尔派共产主义政党，一度被印度时任总理辛格称为印度国内"最大的威胁"。鉴于该党名称容易引发不必要的猜疑和外交纠纷，2005年时任中国驻印度大使孙玉玺公开表态否认与该组织有任何联系，澄清了外界的误解。

二、印度共产主义政党发展现状

经过一系列的分化组合,印度共产主义类型政党大致分为走议会斗争路线的温和派,如印共(马)和印共,以及走武装斗争路线的纳萨尔派,如曾经存在的印共(马列)及其派生的一系列武装力量和现今依旧相对活跃的印共(毛)。目前印度共产主义政党的发展整体上处于相对低潮时期,温和派政党在印度人民院(印度议会下院)和地方邦议会所占席位大幅下降。近些年,印度政府投入更多军事力量打击纳萨尔派武装,纳萨尔派活动地域被压缩,但是印度政府依旧无法彻底消灭纳萨尔武装。总体上,印度共产主义政党具有派别众多、力量差距大、路线主张各异等多重特点。

印度主张走议会斗争路线的共产主义政党近些年遭遇重大挫折,席位大幅缩水。20世纪80年代末,国大党在印度人民院选举中失败,为其他政党释放了大量的发展空间。在这一背景下,印共(马)与印共都有了一定的发展。在1991年,印共(马)获得人民院35个席位,印共获得14席。[1] 整个20世纪90年代,走议会斗争路线的共产主义政党在印度政坛中保持着重要的影响力。1996年,在人民院的选举中印共(马)获得32席,印共获得12席。[2] 1998年,在人民院的选举中,印共(马)获得32席,印共获得9席。[3] 但是随着印度政治生态中逐步形成以国大党与印度人民党(简称"印人党")为主的两大党派,印共

---

[1] "Statistical Report on General Elections, 1991 to the 10th Lok Sabha", https://eci.gov.in/files/file/4121-general-election-1991-vol-i-ii/.

[2] "Statistical Report on General Elections, 1996 to the 11th Lok Sabha", https://eci.gov.in/files/file/4123-general-election-1996-vol-i-ii/.

[3] "Statistical Report on General Elections, 1998 to the 12th Lok Sabha", https://eci.gov.in/files/file/4124-general-election-1998-vol-i-ii/.

（马）、印共及其他较小政党的发展受挫，在1999年，在人民院的选举中，印共（马）虽然获得33席，但是印共仅获4席。[1] 面对选举的压力，印共（马）与印共及时调整策略，在2004年人民院选举中印共（马）获得43席，取得历史最好成绩，印共席位也回升到10席。[2] 虽然不能上台执政，但是由于国大党及印人党席位都未过半，无法单独执政，印共（马）等左翼力量作为"关键少数"可以决定哪个大党上台执政。在印共（马）的支持下，国大党得以组织联合政府。作为交换，印共（马）领导人索姆纳特·查特吉出任人民院议长，印共（马）在印度中央政府影响力达到巅峰。

但是随着印度教民族主义兴起及印人党强势崛起，印共（马）及印共的发展空间受到挤压。到2009年，印共（马）在人民院仅获16席，印共仅获4席。[3] 2014年印共（马）下降到9席，印共仅剩1席。[4] 在2019年印度人民院选举中，印共（马）仅获得3席，印共仅剩2席，加在一起仅5席。[5] 印共与印共（马）政治影响力降到有史以来的最低水平。印度温和派共产主义政党在印度中央遭遇巨大挫折，短期内很难在印度全国范围内发挥重要影响。

与在印度中央影响力急剧下降一致，印共（马）等共产主义政党在地方影响力近些年也有所下降。2011年，印共（马）在

---

[1] "Statistical Report on General Elections, 1999 to the 13th Lok Sabha", https://eci.gov.in/files/file/4125-general-election-1999-vol-i-ii-iii/.

[2] "Statistical Report on General Elections, 2004 to the 14th Lok Sabha", https://eci.gov.in/files/file/4126-general-election-2004-vol-i-ii-iii/.

[3] "Performance of National Parties, General Elections, 2009 (15th Lok Sabha)", https://eci.gov.in/files/file/2881-performance-of-national-parties/.

[4] "Performance of National Parties, General Elections, 2014 (16th Lok Sabha)", https://eci.gov.in/files/file/2820-performance-of-national-parties/.

[5] "Performance of National Parties, General Elections, 2019 (17th Lok Sabha)", https://eci.gov.in/files/file/13565-20-performance-of-national-parties/.

西孟加拉邦选举中席位由此前的175席锐减至40席，丧失了长达34年的执政地位。究其原因，与印共（马）执政策略僵化、党内宗派主义盛行、无法及时应对数字化发展，以及其他政党的强有力竞争有关。虽然失去在西孟加拉邦执政地位，但是印共（马）在西孟加拉邦依旧存在相对深厚的群众基础，具有重要影响力，对执政党发挥着制约作用。印共（马）在地方选举中受挫后，采取了一定措施并加强了与其他左翼政党的协调与联合。在2020年年底喀拉拉邦地方选举中，印共（马）领导的左翼民主阵线大获全胜，印共（马）颓势获得一定程度缓解。"喀拉拉邦是目前印度议会左翼唯一的执政地。2020年新冠肺炎疫情暴发后，该邦卓有成效地开展疫情防控工作，赢得了当地民众的广泛支持。"[1] 值得注意的是，虽然印共（马）在人民院议席大幅减少，但党员人数不减反增，目前已超过百万，是世界上党员人数最多的非执政共产党。印人党政府推出的农业改革法案引发了大规模农民抗议，也为印共（马）及印共等共产主义政党的再次发展提供了契机。

印共（毛）近些年遭到印度政府的强力打击，活动范围及活动强度有所下降，但是依旧在恶劣的环境下继续坚持开展斗争。印共（毛）在成立后，就引起了印度政府的注意。最初，印度政府试图通过谈判解决问题。早在2004年，即印共（毛）成立当年，安得拉邦政府就与新组建的印共（毛）进行了4天的艰苦谈判，但由于双方分歧过大最终破裂。谈判破裂后，安得拉邦政府指责印共（毛）要价过高，并要求印共（毛）放下武器；而印共（毛）则指责政府毫无诚意并拒绝交出武器。此后，印度地方多个邦政府要求印度中央政府派遣军事力量联合各邦打击印共

---

[1] 张淑兰、黄靖媛：《印度议会左翼：发展历程、衰落原因与前景展望》，载《当代世界》，2021年第2期，第71页。

（毛）。2006年，印度内政部发布《毛主义目前情况》声明，要求各邦不得单独与印共（毛）谈判，时任印度总理辛格专门召开会议，提出"两腿并行"对策：一方面强化警察力量，武力打击印共（毛），同时创造宽松环境促使印共（毛）成员主动投降；另一方面加大对印共（毛）活跃农村地区的经济投入，改善当地底层民众生活，削弱印共（毛）的群众基础。

但是"两腿并行"对策并未达到实际效果，下拨到农村地区的资金经过各级官员的层层盘剥，真正用到农村发展的资金少之又少，当地民众更加不满。而一些向印度政府"投诚"的印共（毛）成员在未得到承诺中的安置后又重新回到印共（毛）下属的军事组织之中。这一政策导致的反效果使得印共（毛）活动范围不减反增，开辟了根据地，游击区也有所扩大。在其活动范围内，印共（毛）开展了减租、分田及惩治贪官等一系列行动，获得了底层民众的支持。2007年，印度总理辛格在针对印共（毛）的专门会议上，称其为印度国内"最大单一威胁"，强化了打击力度。2009年，印度政府发动了所谓的"绿色狩猎行动"，印共（毛）损失惨重。2014年印人党上台执政后，持续加大了对印共（毛）以及其他纳萨尔派的打击，并要求中央和邦政府、各邦政府之间、中央军事力量和各邦军事力量、情报部门和警察力量之间、警察和政府部门之间避免相互推卸责任，加大协调力度。2018年印共（毛）的根据地被压缩到仅有8000平方公里的三块森林地区，游击区从75个减少到58个。经过一系列军事打击及心理攻势，印共（毛）及其武装力量人民解放游击军遭受巨大打击。

"印度政府采取综合性的策略遏制纳萨尔运动，然而由于协调不畅、政策执行不力、地方政府自主性过大等原因，印度政府未能彻底根除纳萨尔运动。"[1] 随着印度疫情的持续发展，印度政府无力投入更多精力打击印共（毛）等纳萨尔武装，而疫情及连带的封城对印度底层民众影响最大，激发了低收入者的不满。同时，新农业改革法案引发农民的不满，也为印共（毛）在农村地区的发展提供了便利。这一形势下，印共（毛）再度活跃。2021年4月3日，印度安全部队在切蒂斯格尔邦遭印共（毛）领导的人民解放游击军伏击，印度安全部队多人伤亡。印度总理莫迪也不得不发表推文提及此事。印共（毛）表示，人民解放游击军随时准备在不放下武器的前提下同印度政府展开对话。

印度共产主义政党，不论是走议会斗争道路的温和派还是走武装斗争路线的纳萨尔派，现阶段都处于相对低潮时期。印共（马）和印共在人民院席位降到个位数，是近年来的最低值。印共（马）在2011年丢掉西孟加拉邦执政权后，虽然调整了政策，在喀拉拉邦也有所起色，但大幅提升地方影响力还需时日。印共（毛）近年来遭到了印度政府的严厉打击，面临着极其困难的生存环境。

三、印度共产主义政党的前景及影响因素

印度共产主义政党存在于印度现行政治体系内外，温和派遵循印度议会制度并将继续参与印度中央和地方各级选举，对印人党政府保持"弱制衡"，但不会成为在全印度占主导地位的政党。而纳萨尔派致力于通过暴力革命推翻印度现行政治体制，对印度政府形成一定程度的挑战，但由于与印度政府力量对比过于悬殊，难有大的作为。同时由于印度国内固有矛盾的存在，印共

---

[1] 王晴锋：《纳萨尔运动50年：事实与阐释》，载《印度洋经济体研究》，2019年第1期，第99页。

（毛）等纳萨尔派的活动依旧有一定的空间和可能，纳萨尔派短期内不会消亡。印度共产主义政党的发展前景与印度自身文化环境、现实社会经济状况、共产主义政党政策及策略调整密切相关。

第一，印度复杂多元的文化环境制约着印度共产主义政党的发展。一是印度历史上分裂时间远大于统一时间，形成了"分裂式"政治思维。印度大一统历史的缺失使得印度民众对国家的认同度较低。这一思维逻辑直接影响到了共产主义政党的组织发展。如印共内部出现路线之争，不是进行党内协调与整合，而是最终选择另建新的组织，成立了印共（马）。印共（马）内部出现分歧后再次分裂出印共（马列）。尤其是纳萨尔派组织分裂最为严重。而温和派与纳萨尔派之间也相互指责与否定，相互敌视，基本无法沟通对话。分裂式思维导致的组织裂变直接影响到印度共产主义政党的整体实力。二是印度浓厚的宗教氛围影响着印度社会生活的方方面面。印度宗教众多，既有印度本土产生的宗教，如印度教、锡克教及佛教，也有外部传入的宗教，如伊斯兰教、基督教和犹太教。其中，超过80%的印度人信奉印度教，其次是伊斯兰教。大部分印度民众生活在宗教氛围之中，一定程度上影响了印度共产主义政党的发展。近些年，国民志愿服务团及印人党大力推动印度教民族主义，强化印度教宗教认同，致使认同政治崛起，对共产主义政党的发展产生了不利影响。"印度政治文化和实践日益受到教派主义等传统认同政治的影响。以身份为基础构成的团体间冲突动员了大众，对左翼政党以阶级斗争为基础去发展群众基础赢得选票形成了冲击。"[1] 三是印度各地文化、风俗、民族和语言差异过大，地域认同性强，影响到共产

---

[1] 李丽：《21世纪印度马克思主义的研究现状、主要议题及挑战》，载《学习与探索》，2020年第3期，第14页。

主义政党的跨地区发展。印度国内没有通行全国的语言，即使现在印度政府大力推行的印地语也多在印度北方地区流行，在南部及东北部地区，本地语言更具优势。英语虽然在印度全国相对通行，但是只有少部分接受良好教育的富人能够流利使用英语进行深度交流。这一情况使得印度共产主义政党在发展过程中必须克服文化和语言障碍，在一地发展之后，很难扩展到其他语言、民族差异较大的地区。尤其是组织分裂后，处于不同文化语言地带的两组织再次整合的难度很大，从而阻碍了印度共产主义政党的发展。

第二，印度社会经济发展状况为印度共产主义政党发展提供了现实基础。一是印度种姓制度虽被废除，但是实质性影响远未消除。雅利安人入侵印度后，为了便于统治而创立了种姓制度。种姓制度分为四大种姓，即婆罗门、刹帝利、吠舍和首陀罗。四大种姓之外，还存在达利特（又称"不可接触者"或"贱民"）阶层。种姓世袭，低种姓社会地位极低，生活条件极差，遭受种种歧视，基本无上升可能。印度独立以后，尽管在法律层面废除了种姓制度，但是种姓制度影响依旧存在，尤其是在印度广大的偏远农村地区，这些地区教育程度低加之法律不普及，造成种姓制度影响依旧严重。首陀罗及达利特等低种姓社会经济地位低下，受到高种姓的歧视，一部分低种姓选择顺从，一部分则对现状不满。印度共产主义政党主张种姓平等，致力于打破种姓隔阂，受到占人口多数的低种姓中相当一部分民众的欢迎。二是印度各地发展不平衡，贫富差距大，存在大量的贫困人口。印度人口众多，2019 年数据显示，印度人口达 13.24 亿，是仅次于中国的世界第二人口大国。同时，印度人口出生率高，未来很有可能超越中国成为世界上人口最多的国家。印度超大规模的人口之中，存在着数亿贫困人口，占到世界贫困人口的三分之一。近些年，印度作为新兴经济体，经济获得了快速发展，但是发展处于不均衡状态，一部分产业获得发展，一部分民众收入获得提高，但是更多的贫困人口收入并没有实质性提高，生活条件并未有实质性改善，本就存在的贫富差距进一步拉大，这激发了底层民众的不满。由于疫情及连带的封城引起的失业使得原来已经摆脱贫困的人口再次陷入贫困。印度共产主义政党不论哪个派别都关注印度底层民众的民生。如2020年印共（马）在喀拉拉邦获得优势地位后，提出了连续数月向民众发放食品包的政策，获得了该邦贫困人口的支持，也吸引了其他邦贫困人口的关注，扩大了印共（马）在其他邦的影响力。而印共（毛）等纳萨尔派继续在农村地区推行减租、分田和惩贪等政策，也一定程度上获得了当地底层民众的支持。在印度政府对纳萨尔武装进行打击时，底层民众往往对纳萨尔武装进行掩护。三是印度警察力量不足、效率不高、配合不利，还存在严重的腐败问题，造成印度警力在面对纳萨尔武装时或战斗力不强或根本无意作战。各地警察力量配合不力，即使警察在某一行动中力量对比上占据优势，但是由于沟通配合不力，纳萨尔武装转入另一地区就能避免严重损失，保存了力量。印度治安部门与其他印度行政机构一样，存在系统性腐败问题，严重削弱了警察的行动力。印度警察行动力弱，印度中央政府不得已直接派安全部队进行打击，但是安全部队数量有限，可能在某一局部战斗中取胜，但是无法在从尼泊尔边境到印度东部广大"红色走廊"地带发挥决定性作用。由于安全部队对当地地形不熟，缺乏群众基础，往往会遭到纳萨尔武装的伏击，遭受严重损失。同时，印度警察将打击印共（毛）等纳萨尔派用作获得经费的理由。在获得经费后，却不用于打击纳萨尔武装，也不用于改善装备和增加训练，而是中饱私囊。最终，打击纳萨尔派成了印度警方某些人员"生财"的借口。

第三，印度共产主义政党自身政策的调整及策略的转换影响着其自身发展空间。一是维护工农权益，保护弱势群体，支持农民抗议，树立农民代言人形象。印度共产党成立之后，积极展开工人运动，注重保护农民利益。路线之争也并非改变维护底层民众权利这一目标。路线之争以及发生组织分裂后，印度不同共产主义政党根据各自主张的路线继续推动改善工人和农民生活，增进其权益。同时，印度共产主义政党注重保护妇女儿童权利，获得了弱势群体的支持。在莫迪政府推出新农业改革法案后，印共（马）与印共等温和派积极组织农民抗议，维护农民权利，同时印共（毛）等纳萨尔派也发表声明支持农民进行抗争。二是吸取分裂教训，尝试结成统一战线。2018年4月印共（马）召开了第二十二次全国代表大会，提出加强左翼联盟建设。"在本届大会上，印共（马）认为应当联合所有左派的力量包括资产阶级内各党派中的社会主义者组成'左派-民主方案的另一种选择'。"[1] 印共（马列）成立后不久即陷入分裂，分裂出多个较小的纳萨尔派力量，彼此不协调甚至对立，严重影响到了纳萨尔派的发展。人民战争集团和印度毛主义共产主义中心等纳萨尔派及时总结教训，最终在组织上实现联合成立了印共（毛），增强了其行动力。今后，印共（毛）还会继续尝试团结其他派别，以进一步增强力量。但也不得不看到，印共（毛）整合纳萨尔武装的难度很大，面临诸多现实困难。印共（马）及印共也认识到联合的重要性，虽然存在选举竞争，但是在面对印度教民族主义兴起等问题，印度主张走议会斗争路线的共产主义政党也选择了联合，一定程度上制约了印度教民族主义的快速扩展。三是建立严密的组织。不论是温和派还是纳萨尔派都非常注重组织建设。印共（马）及印

---

[1] 胡月：《印度共产党（马克思主义）第二十二次代表大会述评》，载《创造》，2019年第9期，第36页。

共为了更好地发展党员与参加选举，建立了从中央到地方各级完善的组织系统。完善的组织系统保证了这些政党选举期间有效展开活动，同时组织和平抗议方面也显示出现实的有效性。而印共（毛）面临着严酷的外部环境，生存压力巨大，更加注重组织建设。

此外，印度共产主义政党的发展还受到突发因素的影响。如2020年以来印度新冠肺炎疫情暴发且愈发严重，使得印度各级政府无法在打击纳萨尔派上投入更多精力和力量，印人党政府的行动力被弱化，本被严重削弱的印共（毛）得以保存力量。同时，由于抗击疫情实施封城、封锁交通等措施，导致底层民众回乡困难且失去收入来源，严重影响到底层民众的生存，激起了底层民众的强烈不满。不论是温和派还是纳萨尔派，都对印人党政府抗疫不力且影响民生提出了批评，并且分别在议会及乡村地区采取相关行动，增加了影响力，一定程度上促进了共产主义政党的整体发展。

综合看来，温和派的印共（马）及印共未来依旧是印度政党中第三势力的重要组成部分，存在扩大在地方执政的可能。纳萨尔武装在"红色走廊"地带短期内难以被消灭，印共（毛）作为纳萨尔派现阶段最主要的组织，会继续发挥重要影响力。但受制于印度社会文化环境，现阶段在印度不论何种共产主义政党，都不存在获得印度全境主导地位的可能。